短视频引流与盈利

 ＋  ＋ ＋

抖音号、快手号、视频号、B站
视频运营一本通

诺思星商学院

李新星

皇甫永超　编著

王天珏

化学工业出版社

·北京·

内容简介

目前火爆的视频平台，当属抖音和快手，而新起之秀的代表，是微信视频号和B站。《短视频引流与盈利：抖音号、快手号、视频号、B站视频运营一本通》分别对抖音、快手、视频号和B站这4个主流平台进行了全面的解读，将4大平台的运营、引流、变现的技巧详细地展现在读者眼前。

本书实操性强，定位是一本短视频实战类教程。书中有相关技巧和实操步骤的详细图解，重要知识点结合案例进行了分析，哪怕是短视频运营新手，也能快速掌握大量实用的技巧。

本书不仅适合短视频的运营者与创业者，也适合新媒体平台、网上店铺想转型短视频领域的人，还可作为大专院校相关专业的辅导教材。

图书在版编目（CIP）数据

短视频引流与盈利：抖音号、快手号、视频号、B站视频运营一本通/诺思星商学院等编著. —北京：化学工业出版社，2021.4（2025.3重印）
ISBN 978-7-122-38533-8

Ⅰ.①短⋯　Ⅱ.①诺⋯　Ⅲ.①网络营销　Ⅳ.①F713.365.2

中国版本图书馆CIP数据核字（2021）第027761号

责任编辑：刘　丹　　　　　　　　　　装帧设计：王晓宇
责任校对：王鹏飞

出版发行：化学工业出版社（北京市东城区青年湖南街13号　邮政编码100011）
印　　装：涿州市般润文化传播有限公司
710mm×1000mm　1/16　印张14¼　字数225千字
2025年3月北京第1版第3次印刷

购书咨询：010-64518888　　　　　　　售后服务：010-64518899
网　　址：http://www.cip.com.cn
凡购买本书，如有缺损质量问题，本社销售中心负责调换。

定　　价：58.00元　　　　　　　　　　　　　　　版权所有　违者必究

前言

互联网高速发展的今天，电商、传媒、线下引流、门店活动等都离不开流量这个词。诺思星团队有句话："流量洼地在哪里，我们就在哪里！"如今的最大流量池，就在短视频。

3G时代信息的载体是文字，QQ、微信做起来了；4G时代信息的载体是图片，淘宝等各种电商平台做起来了；5G时代的载体是短视频，随着移动终端普及和网络的提速，短、平、快的大流量传播内容逐渐获得各大平台、粉丝和商家的青睐。

短视频之所以被大家所推崇，不仅仅是因为大势所向，更重要的是短视频的包容度高，能给各行业带来新的机遇，解决最关键的流量问题。

当普通的淘宝卖家还在苦苦追寻越来越贵的流量，懂得抓住机会的短视频卖家，已经把产品和视频、直播等内容形式结合在一起，实现疯狂爆单了。

当普通的线下门店卖家还在卖力发传单，投放又贵又不精准的电视广告，拿出大笔资金装修门店时，懂得结合趋势的新卖家，已经在短视频平台做宣传活动了，通过完全免费的内容爆发去获取大量同城消费者的关注，达到宣传门店的作用。

当普通的微信商家还在做费力辛苦的地面推广、红包"拉新"的时候，懂得抓住机会的微商红人已经在转型做抖音和快手了。他们通过短视频的包装，不仅可以实现微信引流，更重要的是自己的人设和知名度得到了极大曝光，这对目前微商所欠缺的信任感是一个完美的解决方案。

帮你抓住短视频时代的机遇

今天的一个小微卖家很有可能通过短视频一夜爆单，一个不起眼的门店很有可能通过短视频转变成门庭若市的网红店。一切皆有可能——这就是短视频时代带给我们的最大机遇。

若你已经在做短视频，可能会遇到如下问题。

- 账号视频流量低，无法稳定的上热门。
- 视频内容不会规划，导致内容质量差，粉丝不买账。
- 无法精准的搭建人设，粉丝对主播信赖度低。
- 直播间粉丝到达率低，如何解决。
- 有哪些必须避免违规的红线。
- 账号长久运营的必备思路和方法是什么。
- 变现和引流的渠道有哪些。

这些问题如何去解决，是我们诺思星商学院编写本书的立意所在，从最早的一批电商培训到2017年年底涉猎短视频培训，诺思星在一次一次变革中稳稳地抓住了机遇。

从自身独立实操开始运营账号，到总结出系统的短视频引流和变现的经验，诺思星通过运作多个短视频账号，积累了大量的成功经验。电商卖货账号、网红达人账号、教育培训账号、微商人设账号、三农账号等我们都有涉猎，我们把日常运营短视频过程中大家必须知道和了解的一些问题，都编写到了这本书中。

本书分为抖音号、快手号、视频号、B站四个部分，内容安排由浅入深，理论结合案例，通俗易懂，帮助大家有针对性地运营各平台。其中，本书完稿时，视频号还在内测阶段，我们以内测版本为基础来讲解。视频号拥有微信潜在的10亿用户，开放后的发展前景不容小觑，希望读者朋友们能及早通过本书了解视频号的运营和变现方法。

短视频的时代，人人都在参与，我们诺思星希望看到、读到本书的你，是其中最出彩的一个，加油！由于笔者学识所限，加之时间仓促，疏漏之处在所难免，恳请读者批评指正。

诺思星商学院　李新星

目 录

抖音篇 001

第1章 基础入门，速成抖音运营高手 002

1.1 抖音：概念趋势 002
1.1.1 基本概念 002
1.1.2 技术应用 003
1.1.3 营销趋势 005

1.2 定位：5个维度 005
1.2.1 行业定位 006
1.2.2 内容定位 006
1.2.3 产品定位 007
1.2.4 用户定位 008
1.2.5 人设定位 009

1.3 设置：登录信息 010
1.3.1 账号名字 010
1.3.2 账号头像 011
1.3.3 账号简介 011
1.3.4 账号加V 012

1.4 运营：3大技巧 013
1.4.1 了解用户 013
1.4.2 遵守规则 014
1.4.3 运营误区 015

第2章 引流技巧，迅速拿下抖音热门 ⋯⋯⋯⋯⋯⋯⋯⋯⋯⋯⋯⋯⋯⋯⋯⋯⋯⋯018

2.1 了解：引流技巧 ⋯⋯⋯⋯⋯⋯⋯⋯⋯⋯⋯⋯⋯⋯⋯⋯⋯⋯⋯⋯⋯⋯⋯⋯⋯018
2.1.1 推荐机制 ⋯⋯⋯⋯⋯⋯⋯⋯⋯⋯⋯⋯⋯⋯⋯⋯⋯⋯⋯⋯⋯⋯⋯⋯018
2.1.2 吸引受众 ⋯⋯⋯⋯⋯⋯⋯⋯⋯⋯⋯⋯⋯⋯⋯⋯⋯⋯⋯⋯⋯⋯⋯⋯019
2.1.3 添加话题 ⋯⋯⋯⋯⋯⋯⋯⋯⋯⋯⋯⋯⋯⋯⋯⋯⋯⋯⋯⋯⋯⋯⋯⋯020
2.1.4 多发内容 ⋯⋯⋯⋯⋯⋯⋯⋯⋯⋯⋯⋯⋯⋯⋯⋯⋯⋯⋯⋯⋯⋯⋯⋯021

2.2 基础：引流方法 ⋯⋯⋯⋯⋯⋯⋯⋯⋯⋯⋯⋯⋯⋯⋯⋯⋯⋯⋯⋯⋯⋯⋯⋯⋯022
2.2.1 SEO引流 ⋯⋯⋯⋯⋯⋯⋯⋯⋯⋯⋯⋯⋯⋯⋯⋯⋯⋯⋯⋯⋯⋯⋯⋯022
2.2.2 视频引流 ⋯⋯⋯⋯⋯⋯⋯⋯⋯⋯⋯⋯⋯⋯⋯⋯⋯⋯⋯⋯⋯⋯⋯⋯024
2.2.3 硬广引流 ⋯⋯⋯⋯⋯⋯⋯⋯⋯⋯⋯⋯⋯⋯⋯⋯⋯⋯⋯⋯⋯⋯⋯⋯025
2.2.4 直播引流 ⋯⋯⋯⋯⋯⋯⋯⋯⋯⋯⋯⋯⋯⋯⋯⋯⋯⋯⋯⋯⋯⋯⋯⋯026
2.2.5 评论引流 ⋯⋯⋯⋯⋯⋯⋯⋯⋯⋯⋯⋯⋯⋯⋯⋯⋯⋯⋯⋯⋯⋯⋯⋯027
2.2.6 矩阵引流 ⋯⋯⋯⋯⋯⋯⋯⋯⋯⋯⋯⋯⋯⋯⋯⋯⋯⋯⋯⋯⋯⋯⋯⋯029
2.2.7 互推引流 ⋯⋯⋯⋯⋯⋯⋯⋯⋯⋯⋯⋯⋯⋯⋯⋯⋯⋯⋯⋯⋯⋯⋯⋯030
2.2.8 分享引流 ⋯⋯⋯⋯⋯⋯⋯⋯⋯⋯⋯⋯⋯⋯⋯⋯⋯⋯⋯⋯⋯⋯⋯⋯032
2.2.9 邮件引流 ⋯⋯⋯⋯⋯⋯⋯⋯⋯⋯⋯⋯⋯⋯⋯⋯⋯⋯⋯⋯⋯⋯⋯⋯033
2.2.10 私信引流 ⋯⋯⋯⋯⋯⋯⋯⋯⋯⋯⋯⋯⋯⋯⋯⋯⋯⋯⋯⋯⋯⋯⋯034

2.3 多闪：社交引流 ⋯⋯⋯⋯⋯⋯⋯⋯⋯⋯⋯⋯⋯⋯⋯⋯⋯⋯⋯⋯⋯⋯⋯⋯⋯034
2.3.1 同城引流 ⋯⋯⋯⋯⋯⋯⋯⋯⋯⋯⋯⋯⋯⋯⋯⋯⋯⋯⋯⋯⋯⋯⋯⋯035
2.3.2 工具引流 ⋯⋯⋯⋯⋯⋯⋯⋯⋯⋯⋯⋯⋯⋯⋯⋯⋯⋯⋯⋯⋯⋯⋯⋯035

第3章 抖音变现，轻松实现年入百万 ⋯⋯⋯⋯⋯⋯⋯⋯⋯⋯⋯⋯⋯⋯⋯⋯⋯⋯037

3.1 基础：购物车变现 ⋯⋯⋯⋯⋯⋯⋯⋯⋯⋯⋯⋯⋯⋯⋯⋯⋯⋯⋯⋯⋯⋯⋯⋯037
3.1.1 开通功能 ⋯⋯⋯⋯⋯⋯⋯⋯⋯⋯⋯⋯⋯⋯⋯⋯⋯⋯⋯⋯⋯⋯⋯⋯038
3.1.2 变现方式 ⋯⋯⋯⋯⋯⋯⋯⋯⋯⋯⋯⋯⋯⋯⋯⋯⋯⋯⋯⋯⋯⋯⋯⋯040

3.2 提高：直播变现 ⋯⋯⋯⋯⋯⋯⋯⋯⋯⋯⋯⋯⋯⋯⋯⋯⋯⋯⋯⋯⋯⋯⋯⋯⋯041

- 3.2.1 开播流程 ··· 041
- 3.2.2 打造直播间 ··· 042
- 3.2.3 直播变现 ··· 043
- 3.3 全新：小店变现 ··· 044
  - 3.3.1 开店测试 ··· 044
  - 3.3.2 招商标准 ··· 045
  - 3.3.3 入驻标准 ··· 046
- 3.4 延伸：小程序变现 ··· 047
  - 3.4.1 主要入口 ··· 047
  - 3.4.2 入驻方法 ··· 048
- 3.5 其他：功能变现 ··· 049
  - 3.5.1 广告营销变现 ·· 049
  - 3.5.2 POI认证功能 ·· 050

快手篇　　053

第4章　熟悉操作，明确自己营销方向 ··· 054

- 4.1 快手：记录世界 ··· 054
  - 4.1.1 快手定位 ··· 055
  - 4.1.2 平台特色 ··· 055
- 4.2 定位：4种方法 ·· 056
  - 4.2.1 专长定位 ··· 056
  - 4.2.2 内容定位 ··· 057

  4.2.3 需求定位 ……………………………………………………………… 058
  4.2.4 品牌定位 ……………………………………………………………… 059
 4.3 账号：了解快手 …………………………………………………………… 060
  4.3.1 昵称头像 ……………………………………………………………… 060
  4.3.2 填写资料 ……………………………………………………………… 061
 4.4 营销：6种手段 …………………………………………………………… 062
  4.4.1 了解算法 ……………………………………………………………… 062
  4.4.2 熟悉功能 ……………………………………………………………… 063
  4.4.3 精准推送 ……………………………………………………………… 063
  4.4.4 掐好时间 ……………………………………………………………… 064
  4.4.5 加强沟通 ……………………………………………………………… 065
  4.4.6 质量至上 ……………………………………………………………… 066

第5章 快手引流，新手也能成为网红 …………………………………… 067

 5.1 平台：内部引流 …………………………………………………………… 067
  5.1.1 标签引流 ……………………………………………………………… 067
  5.1.2 矩阵引流 ……………………………………………………………… 069
  5.1.3 互推引流 ……………………………………………………………… 070
  5.1.4 直播引流 ……………………………………………………………… 071
  5.1.5 借势引流 ……………………………………………………………… 072
  5.1.6 内容引流 ……………………………………………………………… 073
  5.1.7 封面引流 ……………………………………………………………… 074
  5.1.8 粉丝推广 ……………………………………………………………… 075
  5.1.9 福利引流 ……………………………………………………………… 075
 5.2 其他：外部引流 …………………………………………………………… 076
  5.2.1 微信引流 ……………………………………………………………… 076
  5.2.2 QQ引流 ……………………………………………………………… 079

5.2.3 微博引流 ··· 081
5.2.4 百度引流 ··· 081
5.2.5 注意事项 ··· 084

第6章 高效变现成为运营最终赢家 ·· 085

6.1 基础：直播变现 ··· 085
6.1.1 直播礼物 ··· 086
6.1.2 直播卖货 ··· 086

6.2 提升：电商变现 ··· 090
6.2.1 视频购物 ··· 090
6.2.2 小店销售 ··· 091
6.2.3 售卖课程 ··· 092
6.2.4 微商经营 ··· 093

6.3 进阶：粉丝变现 ··· 094
6.3.1 出版图书 ··· 094
6.3.2 引流线下 ··· 095
6.3.3 账号出售 ··· 096

6.4 其他：更多变现 ··· 098
6.4.1 承接广告 ··· 098
6.4.2 品牌变现 ··· 099
6.4.3 IP变现 ·· 100

6.5 分析：变现细节 ··· 101
6.5.1 变现分析 ··· 101
6.5.2 购买理由 ··· 102
6.5.3 提高成效 ··· 103
6.5.4 坚持到底 ··· 103

  105

第7章 异军突起，视频号伏击抖音？ 106

7.1 概念：何为视频号 106
- 7.1.1 视频号功能 107
- 7.1.2 账号运营 111
- 7.1.3 战略定位 112
- 7.1.4 平台：横向对比 113

7.2 分析：视频号优势 115
- 7.2.1 流量巨大 116
- 7.2.2 降维渗透 116
- 7.2.3 私有域流量 116

7.3 辅助：玩转视频号 117
- 7.3.1 制作封面 117
- 7.3.2 推出时机 118
- 7.3.3 平台优势 119

第8章 引流优化，吸引更多用户关注 121

8.1 了解：运营准备 121
- 8.1.1 流量特点 122
- 8.1.2 流量瓶颈 124
- 8.1.3 商业价值 125

- 8.2 必学：专属流量池 ·············· 128
  - 8.2.1 添加微信 ·············· 128
  - 8.2.2 评论联系 ·············· 129
  - 8.2.3 用户转化 ·············· 130
  - 8.2.4 账号信息 ·············· 131
- 8.3 深度：沉淀流量 ·············· 132
  - 8.3.1 提高积极性 ·············· 132
  - 8.3.2 提高黏性 ·············· 133
  - 8.3.3 账号矩阵 ·············· 134
- 8.4 产品：灵活变现 ·············· 134
  - 8.4.1 留住客户 ·············· 134
  - 8.4.2 收获知名度 ·············· 135
  - 8.4.3 话题产品 ·············· 136
  - 8.4.4 线下引流 ·············· 136

第9章 变现转化，深度挖掘粉丝价值 ·············· 138

- 9.1 销售：产品变现 ·············· 138
  - 9.1.1 自产自卖 ·············· 138
  - 9.1.2 带货卖货 ·············· 140
  - 9.1.3 售卖课程 ·············· 141
  - 9.1.4 分销获利 ·············· 143
  - 9.1.5 转化收益 ·············· 146
  - 9.1.6 吸引合作 ·············· 146
  - 9.1.7 知识变现 ·············· 147
- 9.2 账号：流量变现 ·············· 148
  - 9.2.1 广告代言 ·············· 149
  - 9.2.2 录制节目 ·············· 149

9.2.3 平台导粉 ················· 150
9.3 其他：提高收益 ················· 151
   9.3.1 社群变现 ················· 151
   9.3.2 线下变现 ················· 151
   9.3.3 商业变现 ················· 153
   9.3.4 共赢战略 ················· 155
   9.3.5 事件营销 ················· 155

B站篇 ················· 157

第10章 认识B站，平台极具发展前景 ················· 158

10.1 掌握：发展历程 ················· 158
   10.1.1 内容生态 ················· 159
   10.1.2 社区文化 ················· 164
   10.1.3 主要业务 ················· 167

10.2 了解：B站设置 ················· 170
   10.2.1 账号名字 ················· 170
   10.2.2 账号头像 ················· 171
   10.2.3 个性签名 ················· 172

10.3 B站内容，文字视频两不耽误 ················· 172
   10.3.1 开通专栏 ················· 173
   10.3.2 专栏发文 ················· 174
   10.3.3 上传视频 ················· 175
   10.3.4 注意事项 ················· 177

第11章 引流增粉，打造好私域流量池 ········ 181

11.1 B站：内部引流 ········ 181
- 11.1.1 直播引流 ········ 182
- 11.1.2 专栏引流 ········ 186
- 11.1.3 视频引流 ········ 186
- 11.1.4 视频弹幕引流 ········ 188
- 11.1.5 评论引流 ········ 189
- 11.1.6 参与活动引流 ········ 190
- 11.1.7 热门推荐引流 ········ 191
- 11.1.8 UP主认证引流 ········ 193
- 11.1.9 福利引流 ········ 195

11.2 其他：外部平台引流 ········ 196
- 11.2.1 酷安引流 ········ 196
- 11.2.2 微博引流 ········ 197
- 11.2.3 朋友圈引流 ········ 198
- 11.2.4 QQ引流 ········ 198
- 11.2.5 公众号引流 ········ 199
- 11.2.6 其他引流 ········ 199

第12章 B站获利，变现方式多种多样 ········ 200

12.1 基础：内部变现 ········ 200
- 12.1.1 个性装扮变现 ········ 201
- 12.1.2 "会员购"变现 ········ 203
- 12.1.3 广告变现 ········ 203
- 12.1.4 充电计划变现 ········ 204
- 12.1.5 激励计划变现 ········ 205
- 12.1.6 悬赏计划变现 ········ 206

  12.1.7　推广橱窗变现……………………………………………206
  12.1.8　直播变现………………………………………………206
  12.1.9　课程变现………………………………………………208
 12.2　其他：外部变现……………………………………………………209
  12.2.1　微信公众号变现………………………………………209
  12.2.2　淘宝变现………………………………………………212
  12.2.3　官网变现………………………………………………214

抖音篇

第1章

基础入门，速成抖音运营高手

> 抖音内容的主要特点是"短、快、新"，对于企业或个人来说，抖音都是一个不错的宣传媒介，利用好了，带来的效益不可估量。

1.1 抖音：概念趋势

如今这个快节奏的时代，短视频的发展已经成为不可阻挡的趋势。在众多短视频平台，抖音因其巨大的流量、年轻的用户以及不可估量的商机脱颖而出，成为各大品牌入驻短视频平台的重要选择。

1.1.1 基本概念

抖音的slogan（口号）是"专注新生代的音乐短视频社区"，可见其目标用户为年轻用户，产品形态是音乐短视频，愿景是打造音乐社区。下面来简单了解它的平台和内容特点。

(1)平台特点

抖音是今日头条孵化的一款短视频社交App，虽然是今日头条旗下产品，但在品牌调性（基于品牌或产品的外在表现而形成的市场印象，从品牌与产品人格化的模式来说，等同于人的性格）上和今日头条不同。

今日头条的品牌调性更接近快手，用户基本集中在三四线城市以及广大农村，内容比较接地气，而抖音瞄准的是一二线城市的年轻人，85%以上的用户是"95后"和"00后"，因此内容更加潮酷和年轻。

在功能方面，抖音与快手非常相似，两款社交短视频产品也经常被比较，两者最大的区别还是品牌调性和用户画像，快手更加"真实"和"接地气"，抖音更加"高大上"和"酷炫"。

(2)内容特点

抖音最初的定位是"音乐短视频App"，内容主要是音乐类视频，还有才艺表演，后来随着用户量的增长，内容越来越丰富多元。打开抖音App，可以看到各种"逆天化妆术"、街头跑酷、影视剧片段模仿以及趣味恶搞等内容，给人最直观的感受是有创意、有趣、高颜值和潮流酷炫。抖音之所以能从众多短视频App中脱颖而出，关键之一就是这些好玩、有趣的视频内容。

其实，其他App也有很多有趣的内容，如小咖秀。抖音之所以能超越这些App，主要归功于用抖音拍摄小视频时，用户可以添加很多玩法和特效，可以通过视频拍摄的速度快慢，以及原创特效（如反复、闪一下、慢镜头等）、滤镜和场景切换等技术，让视频更具创造性。

再加上抖音的配乐经常是一些电音和舞曲，大多数作品节奏感很强、有魔性，给人感觉比较酷炫。此外，拍摄抖音短视频容易上手，普通用户也可以做出好玩、炫酷的短视频。

对于用户来说，无聊时打开App就能看到各种有意思的视频，获得很多乐趣。当用户有想法和创意时，又可以快速创作出酷炫的作品，秀出自己的高颜值和才艺，满足表现欲和创作欲。另外，抖音的社交属性可以让用户看到并认识很多朋友，所以说抖音能"火"也是一种必然。

1.1.2 技术应用

抖音的技术应用主要包括以下几个方面，如图1-1所示。

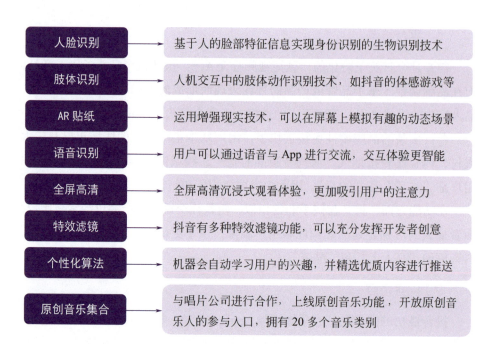

图 1-1　抖音的技术应用

抖音基于增强现实（AR）技术打造了 AR 贴纸功能，为用户提供更多的创意玩法，让他们生产不同的酷炫且有趣的内容，如图 1-2 所示。抖音官方会根据当前环境、节假日、用户喜好等，推出不同场景和特点的新贴纸。

图 1-2　AR 贴纸功能

1.1.3 营销趋势

从2018年年初开始,抖音慢慢挤掉了微信、微博和今日头条等一系列耳熟能详的应用,长期占据各大应用商店的下载榜第一名。越来越多的品牌开始驻扎抖音,在这个"魔性"的社区玩出了内容丰富的新潮营销玩法。图1-3所示为抖音平台的品牌营销趋势。

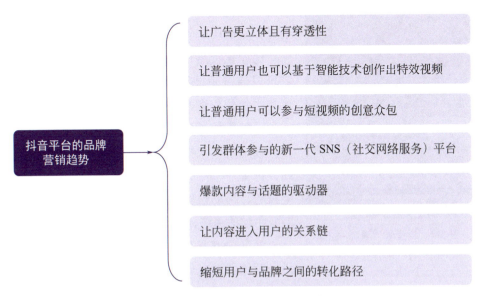

图 1-3 抖音平台的品牌营销趋势

在市场方面,抖音的软文推广和"带货"能力很强,那些拥有百万粉丝的账号接一个广告的费用就是好几万元。随着抖音从一二线城市向其他城市扩展,用户越来越多,市场也越来越好。可以这么说,抖音的前景和市场之间是相辅相成的。

1.2 定位:5个维度

定位的意义和重要性人尽皆知,由于抖音对视频质量要求较高,所以创作者要在定位方面下苦功。

1.2.1 行业定位

图1-4 抖音号"晓晓-拍拍研习社"的行业定位

行业定位就是确定账号分享的内容所属的行业和领域。通常来说，抖音运营者在做行业定位时选择自己擅长的领域即可。某个行业包含的内容比较广泛，或者抖音上做该行业内容的抖音号比较多，此时运营者可以对行业进行细分，侧重从某个细分领域打造账号内容。

比如化妆品行业包含的内容比较多，运营者可以通过领域细分从某方面进行重点突破。这其中的佼佼者当属李佳琦，这位人称"口红一哥"的美妆博主便是通过分享口红相关的内容，吸引了一大批对口红感兴趣的人群。又比如，抖音号"晓晓-拍拍研习社"专注拍摄与搭配技巧，帮助粉丝拍出更美的气质，吸引了80多万粉丝的关注，如图1-4所示。

深度内容是校正账号定位最重要的环节，抖音营销成败在此一举。领域细分定位和深度内容也是运营者能够持续更新优质原创视频的两个核心因素。定位做好后，内容就非常容易分享了，至少方向已经确定。

1.2.2 内容定位

抖音运营者可以通过各种特色内容展示，让自己的内容，甚至是账号，具有一定的稀缺性，其中比较有代表性的是"晓晓-拍拍研习社"和"会说话的刘二豆"等。

"晓晓-拍拍研习社"的行业定位为拍摄与搭配技巧，内容都是女性穿搭和拍照的技巧，帮助粉丝在镜头中展现更具气质的穿搭。

"会说话的刘二豆"定位为一个分享猫咪日常生活的账号，这个账号经常发布以两只猫咪为主角的视频。如果只是分享猫咪的日常生活，那么只要养了猫咪的抖音运营者都可以做。"会说话的刘二豆"的独特之处在于猫咪张嘴时，运营者会同步配上一些字幕。让人觉得猫咪要表达的就是字幕打出来的内容，结合字幕和猫咪在视频中的表现，用户会觉得猫咪调皮可爱。

如何让普通抖音账号变成爆款账号，持续打造爆款视频呢？首先要做的就是找准内容方向，然后找准视频输出的形式。内容定位方面比较简单，用户可以从微博、知乎、百度等不同平台收集和整理。

抖音运营者首先要思考的是，面对自己的内容，用户能不能成为客户，是不是自己所需要的人群，是的话就可以坚持做下去，不是的话就要选择更换内容。

当然，如果抖音运营者自己能够生产出足够优质的内容，也可以快速吸引用户的目光。运营者可以通过持续性地生产高价值的内容，从而在用户心中建立权威，加强他们对该账号的信任和忠诚度。运营者在生产内容时，可以运用以下技巧，轻松打造持续性的优质内容，如图1-5所示。

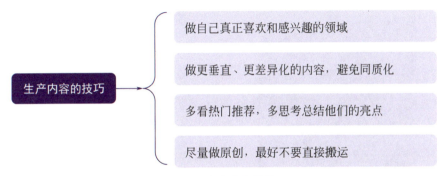

图 1-5 生产内容的技巧

运营者需要注意的是，账号定位的是目标客户群体，而不是内容。因为内容是根据抖音运营者的目标客户来定位制作的，不同的客户群体喜欢不同的内容，不同的内容会吸引不同的客户群体。

1.2.3 产品定位

大部分抖音运营者之所以要做抖音运营，就是希望能够借此变现，获得一定的收益。而产品销售又是比较重要的一种变现方式，因此选择合适的变现产品进行产品定位，就显得尤为重要了。

根据抖音运营者自身的情况，产品定位可以分为两种。一种是根据自身拥有的产品进行定位，另一种是根据自身业务范围进行定位。

根据自身拥有的产品进行定位很好理解，就是看自己有哪些产品可以销售，然后将这些产品作为销售对象进行营销。例如，某位抖音运营者有多种水果货源，于是他将账号定位为水果销售类，不仅将账号命名为"××水果"，而且通过视频对水果进行了全面展示，如图1-6所示。

根据自身业务范围进行定位，就是在自身的业务范围内发布视频内容，然后根据内容插入对应的商品链接。这种定位方式比较适合于自身没有产品的抖音运营者，其只需根据视频内容添加商品，便可以借助该商品的链接获得佣金收入。例如，某抖音号发布的视频内容主要是水果拼盘的制作，而其自身又没有可以直接销售的商品。于是该账号运营者便在视频中添加他人店铺的水果拼盘餐具，以此来获取佣金收入，如图1-7所示。

图1-6　根据自身拥有的产品进行定位　　图1-7　根据自身业务范围进行定位

1.2.4　用户定位

如果能够明确用户群体，做好用户定位，并针对主要的用户群体进行营销，那么抖音号生产的内容将更具有针对性，更具有吸引力。

在做用户定位时，抖音运营者可以从性别、年龄和地域分布等方面分析目标用户，了解抖音的用户画像和人气特征，并在此基础上更好地做出针对性的运营策略和精准营销。

在了解用户画像时，我们可以借助一些分析软件。例如，通过如下步骤，在飞瓜数据微信小程序中了解用户画像。

步骤01 在微信的"发现"界面搜索并进入"飞瓜数据"小程序，在首页界面的搜索栏中输入抖音号名字。这里以抖音号"大卫影像"为例进行说明。

步骤02 搜索该抖音号并点击，即可进入"飞瓜数据-播主详情"界面，了解该抖音号的相关情况，如图1-8所示。

步骤03 向上滑动页面，即可在"粉丝画像"版块中看到"性别年龄分布"情况，如图1-9所示。除了性别年龄分布之外，还可点击查看地域分布和星座分布的相关情况。

图 1-8 飞瓜数据小程序首页

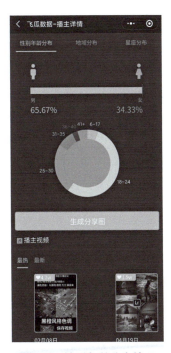

图 1-9 性别年龄分布情况

1.2.5 人设定位

人设是人物设定的简称，就是抖音运营者通过视频打造的人物形象和个性特征。通常来说，成功的人设能在用户心中留下深刻的印象，让用户通过某个或者某几个标签快速想到该抖音号。

例如，说到"反串""一人分饰两角"这两个标签，大多数抖音用户可能首先想到的就是"多余和毛毛姐"这个抖音号。这主要是因为这个抖音号中有一个红色披肩长发的女性形象，而这个人物是男性反串的。"多余和毛毛姐"发布的抖音视频内容很贴合生活，人物的表达又幽默搞笑，因此该账号发布的内容通常会快速吸引大量抖音用户。

1.3 设置：登录信息

用户在刷短视频时，通常是利用碎片化的时间快速浏览，当他浏览到某个页面的时候为什么会停下来？

他停下来是因为被表面的东西吸引了，并不是具体的内容，内容是用户点进去之后才能看到的。表面的东西是什么？主要指的是抖音号的整体数据和封面图，以及账号对外展示的东西，如名字、头像、简介和加V等。

抖音的账号注册比较简单，用户可以用手机号进行验证登录；也可以直接使用头条号、QQ号、微信号或微博号等第三方平台账号进行登录。

1.3.1 账号名字

抖音账号的名字需要有特点，最好和定位相关，能让人眼前一亮。例如，抖音上的"墨香堂书画"和"张小厨美食录"这两个账号，名字不仅特别，而且通俗易懂。

抖音运营者在设置账号名字时有3个基本的技巧，具体如下。

① 不能太长，太长的话难以给用户留下深刻的印象。

② 尽量不要用生僻字或过多的表情符号。

③ 最好能体现人设，即看见名字就能联系到人设。人设包括姓名、年龄、身高等人物的基本设定，以及企业、职位和成就等背景设定。这样的话，用户一看就知道你是做什么的，如果他对你的业务有相关需求，便会直接关注你的账号。

1.3.2 账号头像

账号头像也需要有特点,必须展现自己最美的一面,或者展现企业的良好形象。用户可以进入"编辑资料"界面,从相册选择或拍照即可修改头像。图1-10所示为抖音个人号与企业号头像。

在设置账号头像时有3个基本的技巧,具体如下。

① 一定要清晰。

② 个人人设账号一般使用主播肖像。

③ 团体人设账号可以使用代表人物形象、公司名称、LOGO等。

图1-10 抖音个人头像(左)与抖音企业头像(右)

1.3.3 账号简介

除了头像、昵称的设置之外,抖音运营者还可在"编辑个人资料"界面填写性别、生日/星座、所在地和个人介绍等资料。

在这些资料中,抖音运营者需要注意的是账号简介。账号简介通常简单明了,一句话解决,主要原则是"描述账号+引导关注"。基本设置技巧如下。

① 前半句描述账号特点或功能，后半句引导关注，一定要明确出现关键词"关注"。

② 可以用多行文字，但一定要在多行文字的视觉中心出现"关注"两个字。

③ 可以在简介中巧妙地推荐其他账号，但不建议直接出现"微信"二字，可用"WX"等字母或谐音代替。

1.3.4 账号加V

用户可以在抖音的"设置"界面选择"账号与安全"选项，进入抖音官方认证界面，即可申请加"V"，如图1-11所示。抖音个人认证为黄色的"V"图标，企业机构认证为蓝色的"V"图标。

图1-11 抖音账号加"V"

同样的内容用不同的账号发出来，效果是完全不一样的，尤其是认证和没有认证的账号，差距非常大。为什么会出现这种情况？因为抖音短视频平台在给账号一定流量和推荐的时候，会衡量该账号的权重。

1.4 运营：3大技巧

对于抖音运营者来说，橱窗的运营固然重要，但更重要的还是账号的运营。毕竟只有账号正常运营，店铺中的产品才能销售出去，抖音运营者才能真正赚到钱。

1.4.1 了解用户

在目标用户群体定位方面，抖音是由上至下地渗透。抖音在刚开始推出时，市场上已经有很多同类短视频产品，为了避开竞争，抖音在用户群体定位上做了一定的差异化策划，选择了同类产品还没有覆盖的那些群体。

下面主要从年龄、性别、地域分布、职业和消费能力5个方面分析抖音的用户定位，帮助运营者了解抖音的用户画像和人气特征，从而更好地做出针对性的运营策略和精准营销。

（1）年龄：以年轻用户为主

抖音平台80%的用户在28岁以下，其中20～28岁用户比例最高，也就是"90后"和"00后"为主力人群，整体呈现年轻化趋势。这些人更加愿意尝试新的产品，这也是"90后"和"00后"普遍的行为方式。

（2）性别：女性居多

QuestMobile的报告显示，抖音的男女比例约为3∶7，也就是女性是男性的两倍还多。女性居多直接导致的结果就是消费力比较高。另外，极光大数据的报告指出，抖音中女性用户的占比达到了66.4%，显著高于男性。

（3）地域分布：一二线城市

抖音从一开始就将目标用户群体指向一二线城市，不仅避免了激烈的市场竞争，还占据了很大一部分的市场份额。当然，随着抖音的火热，目前也在向小城市蔓延。极光大数据2020年上半年的数据显示，一二线城市的人群占比超过40%，而且这些地域的用户消费能力也比较强。

（4）职业：大学生、白领和自由职业者

抖音用户的职业主要为白领和自由职业者，同时大学生与踏入社会五年左右的用户也比较常见。这些人都有一个共同的特点，就是特别容易跟风，喜欢流行时尚的东西。

（5）消费能力：愿意尝试新产品

抖音的目标人群大部分都属于中等和中高等层次消费者，这些群体突出的表现就是更加容易在抖音上买单，他们的变现能力很强。另外，他们的购买行为还会受到营销行为的影响，看到喜欢的东西，更加容易产生冲动性消费。

1.4.2 遵守规则

对于抖音运营者来说，做原创才是最长久、最靠谱的一件事。在互联网上想借助平台成功实现变现，一定要遵守平台规则。下面重点介绍抖音的一些平台规则。

（1）不建议做低级搬运

直接发带有其他平台特点和图案的作品，抖音平台对这些低级搬运的作品会不给予推荐或者直接封号。

（2）视频必须清晰无广告

作为抖音运营者，一是要保证视频的质量，不含有低俗、色情等内容，二是要保证内容不能带有广告，视频尽量清晰。

（3）视频推荐算法机制要知道

首先，给你推荐一批人，比如先给100个人看你的视频，这100个人就是一个流量池。假如这100个人观看视频之后，反馈比较好，有80个人完全看完了，有30个人给你点赞，有10个人发布了评论，系统会默认你的视频非常受欢迎，会再次将视频推荐到下一个流量池。比如第二次推荐给1000个人，再重复该过程，这也是我们经常看到一个热门视频连续好几天都能刷到首页的原因。当然，如果第一批流量池的100个人反馈不好，这个视频就得不到后续的推荐了。

（4）账号权重

抖音普通玩家上热门有一个共同的特点，那就是给别人点赞的作品很多，最少的也都上百了。这是一种模仿正常用户的玩法，如果上来就直接发视频，系统可能会判断你的账号是一个营销广告号或者小号，会审核屏蔽。

提高抖音号权重的方法如下。

① 使用头条号登录。用QQ登录今日头条App，然后在抖音的登录界面选择今日头条登录即可。因为抖音是今日头条旗下的产品，通过头条号登录，会潜在地增加账号权重。

② 采取正常用户行为。多给热门作品点赞、评论和转发，选择粉丝越多的账号效果越好。

1.4.3 运营误区

随着"5G"时代的来临，短视频也越来越受欢迎，无论是抖音个人号，还是抖音企业号，在运营时必须先遵守相关规则，在符合规则的要求下尽最大可能宣传自己的产品或服务。

（1）随意删除视频

每个平台都会有相关的规则，很多人可能连平台规则都没认真了解，就开始运营抖音账号，不是账号被限流，就是胡乱删除视频，导致账号粉丝少、视频浏览量低。

对于运营者而言，在抖音号正式发布内容之前，首先需要做好账号定位，对自己的内容做好规划，或者说深入了解视频创作的要点。尤其对于企业而言，抖音企业号发布的内容代表着企业的形象，关系着企业未来的发展。

如果企业号运营者对短视频创作很迷茫，可在抖音企业号中学习相关教程，其中不乏抖音审核规则、抖音推荐规则、基础创作技巧、短视频进阶、账号运营攻略、直播进阶、带货攻略、直播攻略等内容，如图1-12所示。

（2）不养号

在抖音平台上，不仅权重很重要，保持账号的活跃度、互动程度、行为习惯也很重要。抖音运营者不仅要做好账号的基本维护，还可以通过一些手段来主动养号，提升账号权重，从而获得更高的推荐量。大家可从以下7个方面去养号，如图1-13所示。

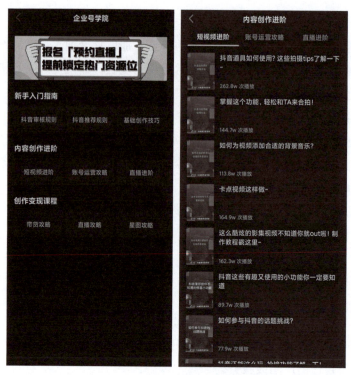

图 1-12 抖音企业号中的相关教程

账号注册	→	一部手机,一张手机卡,注册和固定登录一个账号
账号定位	→	根据目标人群和变现方式的精准定位,确定垂直内容
策划内容	→	紧密结合账号定位来策划具体的剧本和拍摄内容
制作视频	→	拍摄、剪辑和处理短视频作品,形式风格尽量统一
上传视频	→	结合目标人群的时间点发布,以获得更多播放量和粉丝
维护粉丝	→	积极与粉丝互动并导流到微信,增加粉丝黏度和信任感
数据运营	→	分析短视频和粉丝的数据来拍摄下一个短视频内容

图 1-13 抖音养号

很多人说抖音是去中心化的平台,在抖音谈论权重是没有意义的。如果他们有认真研究上热门推荐账号的共性,就不会说权重无意义之类的话了。抖音平台通常更青睐那些产出高质量的、垂直领域内容的账号,同时给予这些账号更多的流量扶持。

抖音运营者养号的核心目的就是提升账号权重,避免账号因被系统判断为营销账号而限流。抖音运营者只要能够时常注意这个问题,就可以轻松达到曝光、引流、变现、带货、卖货以及卖号等目的。下面是一些提升账号权重的养号技巧,需要每天花点时间做好这些工作。

① 在拍摄和制作短视频时,建议全程使用数据流量,而非Wi-Fi。

② 尽量保证账号头像清晰,账号信息完善。

③ 尽量绑定微信、QQ、头条、微博等第三方账号,强烈建议绑定头条号。

④ 进行实名认证,有条件的还可以进行个人认证和企业认证。

⑤ 发布短视频时尽量添加地址,抖音根据地域向附近人群推送该短视频。

⑥ 每天至少登录一次抖音账号,并时不时刷新信息流,多给优秀作品点赞。

⑦ 多看看抖音热搜榜单,关注并参与抖音官方的话题挑战。

⑧ 适当关注3～5个自己喜欢的抖音账号。

(3) 为上热门盲目模仿

在抖音上最常见的是,当某一个短视频"火"了,或某一首歌当红之时,我们总能看到很多模仿作品。对于只是想娱乐一下的抖音用户,确实可以发布这种模仿作品,但是对于想要打造优秀个人号的运营者而言,不能为上热门推荐而盲目模仿。

第2章

引流技巧，迅速拿下抖音热门

> 对于抖音运营者来说，要想获取可观的收益，就必须获得足够的流量，通过扩大用户群来保证自身的收益。
>
> 本章重点解读抖音快速引流的方法，让大家可以快速聚集大量用户，实现品牌和产品的高效传播。

2.1 了解：引流技巧

抖音引流有一些基本的技巧，掌握这些技巧之后，运营者的引流推广效果将变得事半功倍。这一节将对抖音几种基本引流技巧进行解读。

2.1.1 推荐机制

抖音是当下最热门的短视频App之一，后台会根据用户的位置、年龄和喜好，不断优化自己的推荐算法，以此来不断贴近用户的审美和偏好。

在运营机制上，抖音可以说是集合了各种优点，如有节奏的电音音乐和人物靓丽新潮的打扮等。我们的时间越来越碎片化，刷抖音成了大家最常见的打发碎片化时间的选择。同时，诸多明星和企事业机构入驻抖音，抖音的国际版TikTok长期霸占国外下载榜和热搜榜，更加说明了抖音不是一种简单的成功，它的崛起绝不是偶然。

在流量巨大的抖音平台，运营者要想成为短视频领域的超级IP，首先要想办法让自己的作品火爆起来，这是一条捷径。如果用户没有那种一夜爆火的好运气，就需要一步步脚踏实地地做好短视频。当然，这其中也有很多运营技巧，能够帮助用户提升短视频的关注量，而平台的推荐机制就是不容忽视的重要环节。

以抖音平台为例，用户发布到该平台的短视频需要经过层层审核，才能被大众看到，其背后的主要算法逻辑分为3个部分，分别为"智能分发、叠加推荐、热度加权"，如图2-1所示。

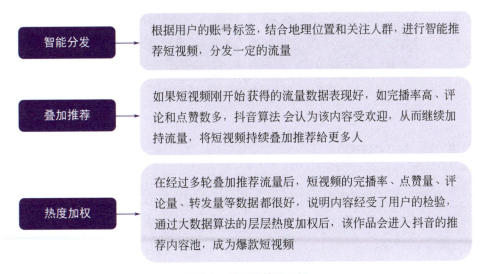

图2-1 抖音的算法逻辑

2.1.2 吸引受众

人都是趋利的，当看到对自己有益处的东西时，往往会表现出极大的兴趣。抖音运营者可以借助这一点，通过抛出一定的"诱饵"来达到吸引目标受众目光的目的。

下面两个案例中的运营者便是通过"告诉大家如何赚钱""免费流量"，向目标受众抛出诱饵，达到引流推广的目的，如图2-2所示。

图 2-2　抛出诱饵吸引目标受众目光

2.1.3　添加话题

话题就相当于视频的一个标签。部分抖音用户在查看视频时，会将关注的重点放在视频添加的话题上，还有部分抖音用户在查看视频时，会直接搜索关键词或话题。

因此，如果抖音运营者能够在视频的文字内容中添加一些话题，便能起到不错的引流作用。在视频中添加话题时可以重点把握如下两个技巧。

① 尽可能多地加入一些与视频中商品相关的话题，如果可以的话，在话题中指出商品的特定使用人群，增强营销的针对性。

② 尽可能以推荐的口吻编写话题，让抖音用户觉得你不只是在推销商品，更是在向他们推荐实用的好物。

下面这个案例中的运营者便很好地运用了上述两个技巧，不仅加入了与视频中商品相关的话题，而且采用"种草"的方式来推广，没有直接突出广告内容，营销的痕迹比较轻，如图2-3所示。

图 2-3　积极添加话题增强视频热度

2.1.4　多发内容

抖音用户为什么要关注你，成为你的粉丝？除了账号中相关人员的个人魅力之外，另外一个很重要的原因是用户可以从你的账号中获得他们感兴趣的内容。

部分粉丝关注你的账号之后，可能会时不时查看内容。如果你的账号很久都不更新，他们可能会因为看不到新的内容，或者认为该账号对他来说价值越来越低，而选择取消关注。

因此，对于抖音运营者来说，多发送一些用户感兴趣的内容非常关键。这不仅可以增强粉丝的黏性，还能吸引更多抖音用户成为你的粉丝。比如，抖音号"手机摄影构图大全"的粉丝大多都是摄影爱好者，于是该抖音号运营者便通过发送构图和拍摄技巧等内容来增强粉丝的黏性。

2.2 基础：引流方法

互联网变现的公式是：流量=金钱。只要你有流量，变现就不再是难题。而如今的抖音，就是一个坐拥庞大流量的平台。用户只要运用一些小技巧，就可以吸引到相当大的流量，有了流量，你可以更快做好各种项目。

2.2.1 SEO引流

SEO是Search Engine Optimization的英文缩写，中文译为"搜索引擎优化"。它是指通过对内容的优化获得更多流量，从而实现自身的营销目标。说起SEO，许多人首先想到的可能是搜索引擎的优化，如百度平台的SEO。其实SEO不只是搜索引擎独有的运营策略，抖音短视频同样可以进行SEO优化。比如，我们可以通过对抖音短视频的内容运营实现霸屏，从而让相关内容获得快速传播。

抖音短视频SEO优化的关键在于视频关键词的选择，而视频关键词的选择又可细分为两个方面，即关键词的确定和使用。

（1）视频关键词的确定

① 根据内容确定关键词。合适的关键词，首先应该是与抖音号的定位和短视频内容相关的，否则抖音用户即便看到了短视频，也会因为内容与关键词不对应而直接滑过，这样一来，选取的关键词也就没有太多意义了。

② 通过预测选择关键词。除了根据内容确定关键词之外，还需要学会预测关键词。抖音用户在搜索时所用的关键词可能会呈现阶段性变化。具体来说，许多关键词会随着时间的变化而具有不稳定的升降趋势。因此，抖音运营者在选取关键词之前，需要预测用户搜索的关键词，下面从两个方面分析如何预测。

社会热点新闻是人们关注的重点，当社会新闻出现后，会出现一大波新的关键词，搜索量高的就叫热点关键词。因此，抖音运营者不仅要关注社会新闻，还要会预测热点，抢占最有力的时间预测出热点关键词，并将其用于抖音短视频中。下面介绍预测社会热点关键词的方向，如图2-4所示。

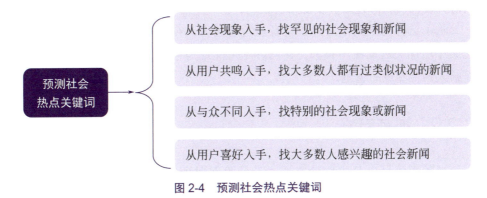

图 2-4　预测社会热点关键词

除此之外，即便搜索同一类物品，抖音用户在不同时间段选取的关键词仍有可能会有一定的差异性。也就是说，用户在搜索关键词的选择上可能会呈现出一定的季节性。因此，抖音运营者需要根据季节性，预测用户搜索时可能会选取的关键词。

关键词的季节性波动比较稳定，主要体现在季节和节日两个方面，如用户在搜索服装类内容时，可能会直接搜索包含四季名称的关键词，如春装、夏装等；节日关键词会包含节日名称，如春节服装、圣诞装等。

季节性的关键词预测还是比较容易的，抖音运营者除了可以从季节和节日名称上进行预测，还可以从以下方面着手，如图2-5所示。

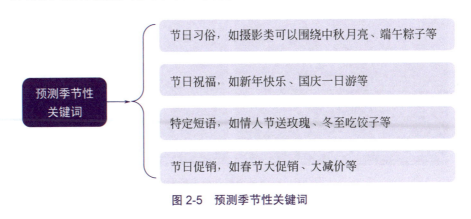

图 2-5　预测季节性关键词

（2）视频关键词的使用

在添加关键词之前，抖音运营者可以通过查看朋友圈动态、微博热点等方式，抓取近期的高频词语，将其作为关键词嵌入抖音短视频中。

需要特别说明的是，运营者统计出近期出现频率较高的关键词后，还需了解关键词的来源，这样才能用得恰当。

除了选择高频词语之外，抖音运营者还可以在抖音号介绍信息和短视频文案中增加关键词使用频率，让内容尽可能地与自身业务直接联系起来，从而给人一种专业的感觉。

2.2.2 视频引流

视频引流可以分为两种方式，一是原创视频引流，二是转载视频引流。接下来分别进行说明。

（1）原创视频引流

抖音运营者可以把制作好的原创短视频发布到抖音平台，同时在账号资料部分进行引流，如名字、个人简介等地方，都可以留下联系方式，如图2-6所示。

图 2-6　在账号资料部分进行引流

原创短视频的播放量越大，引流的效果就越好。抖音上的年轻用户偏爱热门和有创意、有趣的内容。在抖音官方介绍中，抖音鼓励的视频是：场景、画面清晰；记录自己的日常生活、健康向上、多人类、剧情类、才艺类、心得分享、搞笑等多样化内容，不拘泥于一个风格。抖音运营者在制作原创短视频时，可以记住这些原则，让作品获得更多推荐。

（2）转载视频引流

抖音运营者可以将微视、西瓜视频、快手、火山小视频以及秒拍等短视频平台的内容转载到抖音平台（转载的视频尽量保留出处及原作者），具体方法如下。

步骤01 先打开去水印视频解析网站，再打开要转载的视频，把要转载视频的地址放到解析网站的方框内，然后点击"解析视频"按钮，解析完成后即可下载，得到没有水印的视频文件。图2-7所示为抖音短视频解析下载网站。

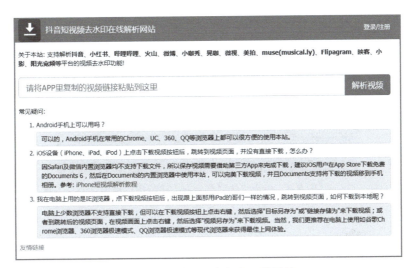

图2-7 抖音短视频解析下载网站

步骤02 用格式工厂或InShot视频图片编辑软件，进行剪辑和修改，改变视频的MD5值，即可得到可以进行转载的视频文件。

步骤03 把修改好的视频上传到抖音，同时在抖音账号的资料部分进行引流，以便粉丝添加。

2.2.3 硬广引流

硬广告（即硬广）引流法是指在短视频中直接进行产品或品牌展示。建议抖音运营者购买一个摄像棚,将平时朋友圈发的反馈图全部整理出来,然后制作成照片视频发布,如减肥的前后效果对比图、美白的前后效果对比图等。

例如,华为终端的抖音官方账号联合其手机代言人关晓彤进行了硬广引流,如图2-8所示。

图2-8 华为终端联合代言人进行硬广引流

2.2.4 直播引流

直播对于抖音运营者来说意义重大。

① 抖音运营者可以通过直播销售商品,获得收益。

② 直播也是一种有效的引流方式。只要抖音用户在直播的过程中点击关注,便会自动成为抖音账号的粉丝。

在某个电商直播中,抖音用户只需点击界面左上方账号名称和头像所在的位置,便会弹出一个账号详情对话框。如果点击对话框中的"关注"按钮,原来"关注"按钮所在的位置将显示"已关注"。此时,用户便通过直播关注了该抖音账号。除此之外,还有一种更方便的关注方法,那就是直接点击直播界面左下方的"关注"按钮,如图2-9所示。

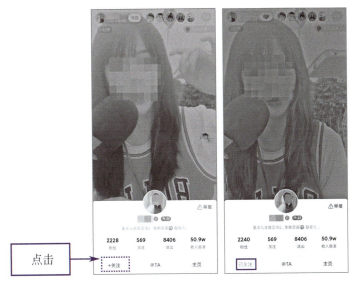

图 2-9　通过直播关注抖音账号

2.2.5　评论引流

对于抖音运营者而言，评论引流主要有两种方式，分别是评论热门视频引流和回复用户评论引流，下面分别进行说明。

(1) 评论热门视频引流

相关数据显示，抖音上账号的定位几乎覆盖了所有细分行业。因此，抖音运营者可以关注相关行业账号或同领域的相关账号、网红账号，并有选择性地在他们的热门视频下进行评论，在评论中打一些软性广告，吸引部分粉丝关注你的账号。

例如，卖健身器材的账号可以关注一些热门的减肥账号，因为减肥和健身器材是互补的关系，关注减肥账号的抖音用户会很乐意购买健身器材。

评论热门作品引流主要有两种方法。

① 评论网红作品：网红作品自带较大的流量，其评论区是最好的引流之地。

② 评论同行作品：同行作品可能流量不及网红，但是运营者在其评论区引流，可以获得精准粉丝。

例如，做瘦身产品的抖音运营者，搜索瘦身、减肥类的关键词，即可找到很多同行的热门作品，如图2-10所示。

抖音运营者只需要在热门视频中评论用过自己产品之后的良好效果，其他抖音用户就会对产品表现出兴趣。图2-11所示为某减肥产品销售者在热门瘦身视频中的评论。

图 2-10　搜索瘦身类视频图

图 2-11　某减肥者的评论

抖音运营者可以参考上面两种方法，学会融会贯通是最好的。不过，需要注意评论的频率和技巧，不能太过于频繁，以免被其他账号举报。另外，评论的内容绝不能千篇一律，更不能带有敏感词和违规信息。

抖音运营者评论网红或大咖的热门作品进行引流，需要有一些诀窍。

① 可以注册几个小号，用小号去网红热门作品下评论，比如服装账号的评论内容可以这么写——"×××网红的这身裙子很漂亮，我发现他这里有同款和同风格的裙子@大号"，这样的评论内容往往比干巴巴的"想看更多精彩视频，请大家关注我"有用得多。另外，小号的资料也都要设置好，最好给人感觉是一个普通用户。

② 用大号去评论需要注意，不要在评论区刷屏，尽量给用户留一个好印象，太频繁的评论可能会被系统禁言，或者被该网红的粉丝举报。尽量选不同的网红作品进行评论，并且只评论2～3个作品。

（2）回复用户评论引流

自己短视频评论区的用户都是精准粉丝，都是有潜在变现能力的用户，要认真对待。

当然，抖音运营者还可以在自己发布的视频的评论区回复其他人的评论，用评论内容直接引流，如图2-12所示。

图 2-12　抖音评论区人工引流

2.2.6　矩阵引流

抖音矩阵是指通过同时做不同的账号运营，打造一个稳定的粉丝流量池。道理很简单，做1个抖音号也是做，做10个抖音号也是做，同时做，可以带来更多的收获。打造抖音矩阵基本都需要团队的支持，至少要配置2名主播、1名拍摄人员、1名后期剪辑人员及1名推广营销人员，保证多账号矩阵的顺利运营。

抖音矩阵的好处很多，首先可以全方位地展现品牌特点，扩大影响力，还可以形成链式传播来进行内部引流，大幅度提升粉丝数量。

例如,"诺思星商学院"便借助抖音矩阵打造了多个账号,同时进行吸粉引流,如图2-13所示。

图 2-13 "诺思星商学院"的抖音矩阵

抖音矩阵可以最大限度地降低多账号运营风险,这和投资理财强调的"不把鸡蛋放在同一个篮子里"的道理是一样的。多个账号一起运营,无论是做活动还是引流吸粉都可以达到很好的效果。在打造抖音矩阵时,还有很多注意事项,具体如下。

① 注意账号的行为,遵守抖音规则。

② 一个账号一个定位,每个账号都有相应的目标人群。

③ 内容不要跨界,小而美的内容是主流形式。

这里再次强调抖音矩阵的账号定位,这一点非常重要,每个账号角色的定位不能过高或者过低,更不能错位,既要保证主账号的发展,也要让子账号得到很好的成长。

2.2.7 互推引流

互推和互粉引流玩法比较类似,但是渠道不同,互粉主要通过社群来完成,互推则更多的是直接在抖音上与其他用户合作,互推账号。在账号互推合作时，抖音运营者需要注意一些基本原则，这些原则可以作为选择合作对象的依据，具体如下。

① 粉丝的调性基本一致。

② 账号定位的重合度比较高。

③ 互推账号的粉丝黏性要高。

④ 互推账号要有一定数量的粉丝。

不管是个人号还是企业号，在选择合作互推的账号时，需要掌握一些技巧。

个人号互推技巧如下。

① 不建议找那些有大量互推的账号。

② 尽量找高质量、强信任度的个人号。

③ 从不同角度去策划互推内容，多测试。

④ 提升对方账号展示自己内容的频率。

图2-14所示为祝晓晗和"老丈人说车"发布的两条视频，可以看到这两个账号就是通过使用@功能来进行互推的。再加上"老丈人说车"这个抖音号是祝晓晗的父亲运营的，两个账号之间具有很强的信任度，互推的频率也可以把握，能获得不错的效果。

图 2-14　账号互推

企业号互推技巧如下。

① 关注合作账号基本数据的变化，如播放量、点赞量、评论转发量等。

② 找与自己行业内容相关的企业号，以增加用户的精准程度。

③ 要资源平等，彼此信任。

随着抖音在人们生活中出现的频率越来越高，它不再只是一个短视频社交工具，也成了重要的商务营销平台，通过互推，别人的人脉资源也能很快成为你的人脉资源，长久下去，可以拓宽人脉圈。有了人脉，还怕没生意吗？

2.2.8 分享引流

抖音中有分享转发功能，运营者可以借助该功能，将抖音短视频分享至其他平台，达到引流的目的。借助抖音分享转发功能引流的具体步骤如下。

步骤01 登录抖音短视频App，进入需要转发的视频的播放界面，点击按钮，如图2-15所示。

步骤02 操作完成后，弹出"私信给"对话框。在该对话框中，运营者可以选择转发分享的平台。下面以转发给微信好友为例进行说明，点击对话框中的"微信"按钮，如图2-16所示，短视频将保存至相册。

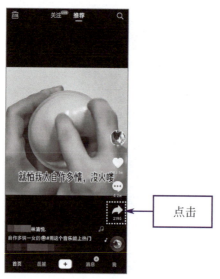

图2-15 点击按钮

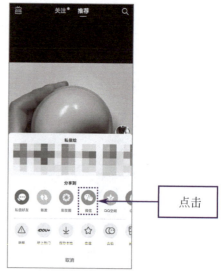

图2-16 点击"微信"按钮

◐ 步骤03 ）进入微信App，选择需要转发的短视频，点击"发送"按钮，即可完成抖音短视频分享操作。

抖音短视频转发完成后，微信好友可以在线播放。如果好友对分享的短视频感兴趣，想获取更多短视频，可以搜索抖音号查看，这便起到了引流的作用。

2.2.9 邮件引流

邮件引流，指的是将视频通过邮件的方式分享给特定好友。使用这种方式推广更有针对性，能实现一对一的视频交流，确保视频的保密性和安全性。抖音一键分享短视频的操作过程如下。

◐ 步骤01 ）图2-17所示为短视频界面，运营者点击 按钮，弹出"分享到"弹窗；点击"更多分享"按钮，如图2-18所示。

图2-17　分享操作　　　　　图2-18　点击"更多分享"按钮

◐ 步骤02 ）执行操作后，跳转到相应窗格，点击"邮件"按钮，进入"新账户"页面，登录邮箱并设置相关信息，即可完成短视频的分享和推广操作。

将视频通过邮件的方式发送给亲朋好友，虽然具有针对性、准确性，但发出一段时间后无法撤回。因此，抖音运营者在通过邮件发送视频时，一定要确认好发送内容和收件人。

2.2.10 私信引流

抖音支持"发信息"功能，一些粉丝可能会通过该功能给运营者发信息，运营者可以时不时看一下，并利用私信进行引流，甚至可以直接引导抖音用户加微信号等联系方式，将其变成自己的私域流量，如图2-19所示。

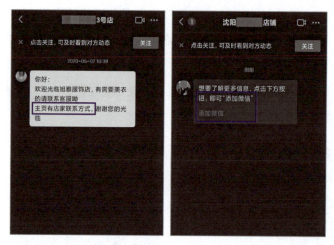

图 2-19　利用抖音私信消息引流

2.3　多闪：社交引流

2019年年初，今日头条发布了一款名为"多闪"的短视频社交产品。"多闪"拍摄的小视频可以同步到抖音，和微信的朋友圈视频玩法非常像。

"多闪"App的注册方式非常简单，用头条旗下的抖音号授权、填写手机号、收验证码、授权匹配通讯录等即可进入。"多闪"App诞生于抖音的私信模块，可以将抖音上形成的社交关系直接引流到"多闪"平台，通过自家平台维护这些社交关系，降低用户结成关系的门槛。

2.3.1 同城引流

在"多闪"App的"动态"版块中,这些短视频内容的展示顺序依次为:可能认识的人、附近的人。这样排序的目的是强化用户的关系链,增加用户使用"多闪"的黏性。

抖音运营者在利用"多闪"引流时,需要重视"动态"版块,"动态"就成为用户重构社交关系的流量池,可以深挖同城引流和基于附近的位置引流红利。在"动态"版块,会优先展示附近的人发布的短视频信息,同时也会在使用"多闪"App的过程中,收到诸多陌生人的添加好友请求。尤其是那些美女同城视频或新店开业类视频,都可以借助"动态"版块来实现广泛被动的引流,而且没有好友上限。

多闪产品负责人徐璐冉表示:"我们希望多闪是一个无压且有温度的熟人社交产品,帮助用户缓解日益沉重的社交压力,找回日渐疏远的亲密关系。"如果说抖音主要是针对微信朋友圈的内容生态,那么"多闪"则类似于微信的社交生态,私聊、群聊、随拍、转账、红包等功能一应俱全,打通了从社交行为到商业转化的全周期,这也是帮助抖音用户快速成长为"抖商"的动力所在。

在抖音上吸粉比较容易,但这些粉丝的黏性很低,他们通常只会关注你的内容,而不会与你有过多的交集。"多闪"的出现,就是用来打通抖音这种社交维度上的不平等关系,通过短视频社交来提升粉丝黏性。同时,对于抖音运营者来说,还可以在"多闪"中融入各种产品和销售场景,再加上钱包支付和视频红包功能,就能够形成一个良好的商业生态。

2.3.2 工具引流

"多闪"App将抖音中的装饰道具和滤镜特效等大部分功能都移植过来了,拥有丰富的表现方式和场景。抖音运营者在和好友互动时,可以直接用"多闪"App拍摄各种抖音风格的短视频,快速吸引更多的年轻用户关注。

"多闪"App的短视频内容不是以人,而是以好友关系实现聚合,避免了刷屏烦恼。跟朋友圈的信息刷屏互动模式相比,"多闪"App的随拍功能显得更为清爽,好友发再多的内容页,只会在聊天界面上方提示一次,点击好友的头像即可看到他在72小时内发布的所有动态内容，并按照更新时间来进行排序，拥有更好的浏览体验。短视频发布72小时后，这些内容就只有作者自己能够看见，进一步降低了社交压力。

在"多闪"App中，没有公开评论的社交场景，都是基于私信的私密社交场景。陌生人之间不需要加好友就能够相互聊天，但只能发送3条信息。在聊天过程中输入文字时，系统会自动联想海量的表情包来丰富对话内容，不仅降低了表情包的使用和筛选难度，还有助于用户表达更多情感和态度。

"多闪"App的定位是社交应用，不过是以短视频为交友形态，微信的大部分变现产业链同样适用于"多闪"。未来，抖音平台对于导流微信的管控肯定会越来越严格。所以，如果抖音运营者在抖音有大量的粉丝，就必须想办法添加他们的"多闪"号。另外，"多闪"App还能给抖音运营者带来更多的变现机会。

（1）抽奖活动

在"多闪"App推出时，还上线了"聊天扭蛋机"模块，用户只需要每天通过"多闪"App与好友聊天，即可参与抽奖，而且红包额度不小。

（2）支付功能

抖音开发了电商卖货功能，同时还与阿里巴巴、京东等电商平台合作，如今还在"多闪"App中推出"我的钱包"功能，可以绑定银行卡、提现、查看交易记录和管理钱包等，便于抖音运营者变现。

（3）"多闪"号交易变现

抖音运营者可以通过"多闪"号吸引大量精准粉丝，有需求的企业可以通过购买这些流量大号来推广自己的产品或服务。

（4）"多闪"随拍短视频广告

对于拥有大量精准粉丝流量的"多闪"号，完全可以像抖音和头条那样，通过短视频贴牌广告或短视频内容软广告来实现变现。

第3章

抖音变现，轻松实现年入百万

抖音无时无刻不在产生巨大的流量，抖音运营者通过一些卖货渠道即可获得收益。这些渠道可以是购物车，可以是抖音小店，也可以是抖音广告，它们都能带来大量的流量转化，让抖音运营者有所收获。

3.1 基础：购物车变现

抖音购物车主要包括3部分，即商品橱窗、视频购物车和直播购物车。抖音运营者开通商品橱窗功能之后，可以在抖音视频和直播中插入商品链接。如果在短视频中插入商品链接，视频中会出现🛒图标；如果在直播中添加商品，直播间会出现🛒图标。

3.1.1 开通功能

开通"购物车"功能的具体操作步骤如下。

步骤01 登录抖音短视频App，❶点击 按钮；❷在弹出的选项栏中选择"创作者服务中心"选项，如图3-1所示。

步骤02 操作完成后，进入创作者服务中心界面，依次点击"商品橱窗"|"商品分享"选项，如图3-2所示。

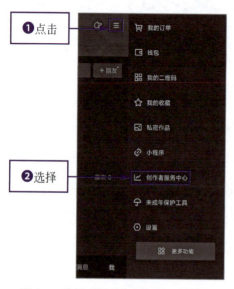

图3-1 选择"创作者服务中心"选项　　图3-2 选择"商品橱窗"选项

步骤03 进入"商品分享功能"界面后，点击"认证"按钮，如图3-3所示。进入"实名认证"界面，输入姓名和身份证号；点击"认证"按钮。

步骤04 操作完成后，进入资料填写界面，❶填写手机号、微信号和所卖商品类目等信息；❷点击"提交"按钮，如图3-4所示。

步骤05 操作完成后，如果接下来页面显示"审核中"，就说明商品分享功能申请成功提交了，平台会对申请进行审核。如果审核通过，便可开通商品分享功能。

开通商品分享功能后，抖音运营者还可以直接使用购物车功能。例如，拍摄一条视频之后，视频"发布"界面会出现一个"添加商品"选项。抖音运营者点击"添加商品"按钮，便可进入"添加商品"界面，点击对应商品后方的"添加"按钮，将商品链接添加至视频中，如图3-5所示。

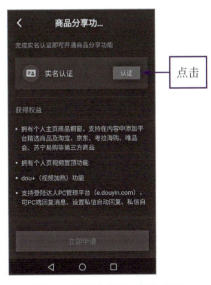

图 3-3 "商品分享功能"界面

图 3-4 资料填写界面

添加完成后，返回"发布"界面。原来"添加商品"的位置会显示图标和商品名称，如图3-6所示。抖音运营者只需点击界面的"发布"按钮，便可以发布一条带有购物车的短视频。

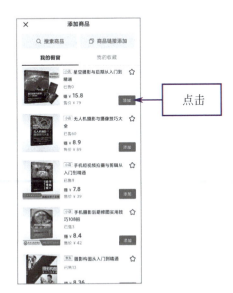

图 3-5 "添加商品"界面

图 3-6 显示图标和商品名称

3.1.2 变现方式

抖音购物车变现主要有以下3种方式。

（1）商品橱窗变现

当一个抖音号开通商品橱窗功能之后，运营者便可以把商品橱窗当成一个集中展示商品的地方，把想要销售的商品都添加其中。用户进入商品橱窗界面，点击需要的商品，便可以进入商品详情界面了解和购买，如图3-7所示。

（2）赚取佣金变现

开设自己的店铺不仅需要一定的成本，还需要花费大量的时间和精力进行管理。因此，大多数运营者并不具备通过自营店铺变现的条件。于是，抖音平台特意打造了佣金变现模式，让没有自营店铺的运营者也能轻松变现。

例如，在给商品橱窗添加商品时，可以看到每个商品中有"赚××"的字样，运营者可以添加该商品到商品购物车，如果用户通过这个链接购买东西，运营者能获得一些佣金收入。另外，运营者还可以点击"添加商品"界面的"佣金率"按钮，根据商品的佣金率选择商品进行添加，如图3-8所示。

图 3-7　商品橱窗变现

图 3-8　赚取佣金变现

（3）自营店铺变现

运营者可以自己开设一个抖音小店，或者将网店中的商品添加至抖音视频、直播中，通过自营店铺来进行变现。例如，将自己店铺中的商品添加至抖音视频，视频中会出现一个购物车链接，用户只需点击该链接，便可跳转至对应平台。

3.2 提高：直播变现

在抖音平台，如果要实现变现，一定要利用好视频和直播。相比于视频，直播更容易受到用户的欢迎。如果主播和运营者能够做好抖音直播，就能获得惊人的"吸金"能力。

抖音运营者进行实名认证后，如果系统发来获得直播权限的通知，即可开通直播功能。

3.2.1 开播流程

对于运营者来说，抖音直播能够促进商品销售，开直播的流程说明如下。

步骤01 登录抖音短视频App，进入视频拍摄界面，点击界面中的"开直播"按钮，如图3-9所示。

步骤02 操作完成后，即可进入抖音直播界面，如图3-10所示。

步骤03 在直播设置界面设置直播封面、标题等信息，添加相关"商品"链接。需要注意的是，该界面出现的商品来自账号的商品橱窗，如果需要添加其他商品，应先行将商品添加至商品橱窗。

步骤04 确认直播封面、标题等信息设置妥当，商品添加无误后，点击"开始视频直播"按钮，进入直播倒计时。完成倒计时后，便可进入直播界面。

图 3-9 视频拍摄界面

图 3-10 直播界面

> **特别提醒**
>
> 封面图片设置得好,能够吸引更多的粉丝观看。目前,抖音直播平台上的封面都是以主播的个人形象照片为主,背景以场景图居多。抖音直播封面没有固定的尺寸,不宜过大也不要太小,只要是正方形等比都可以,画面要清晰美观。

3.2.2 打造直播间

在运营抖音直播的过程中,一定要注意视频直播的内容规范要求,切不可逾越雷池,以免辛苦经营的账号被封。另外,在打造直播内容、产品或相关服务时,运营者要遵守相关法律法规,只有合法的内容才能得到承认,才可以在互联网中快速传播。

建立一个专业的直播空间,主要包括以下几个方面。

① 直播室要有良好稳定的网络环境,保证直播时不会掉线和卡顿,不影响用户的观看体验。如果是在室外直播,建议选择无限流量的网络套餐。

② 购买一套好的电容麦克风设备,给用户带来更好的音质效果,同时也

将自己的真实声音展现出来。

③ 购买一个好的手机外置摄像头，让直播画质更加高清，给用户留下更好的外在形象，当然也可以通过美颜等效果来给自己的颜值加分。

其他设备还包括桌面支架、三脚架、补光灯、手机直播声卡以及高保真耳机等。例如，直播补光灯可以根据不同的场景调整画面亮度，具有美颜、亮肤等作用，手机直播声卡可以高保真收音，无论是高音或低音都可以更真实还原，让声音更加出众。

3.2.3 直播变现

对于大多数运营者来说，之所以要进行抖音直播，是因为直播能够有效变现。抖音直播主要有如下两种变现方式。

（1）直播卖货

主播通过直播获得一定的流量。主播可以借用这些流量进行产品销售，让用户边看边买，直接将粉丝变成店铺的消费者。相比于传统的图文营销，这种直播导购的方式可以让用户更直观地把握产品，营销效果往往更好一些。

图3-11所示为某购物直播的相关界面，用户在观看时只需点击下方的 按钮，即可在弹出的菜单栏中看到直播销售的商品。

图3-11　某购物直播的相关界面

如果想要购买某件商品，只需点击该商品后方的"去抢购"按钮，便可进入该商品的抖音信息详情界面，支付对应金额，完成下单。

通过直播卖货进行变现时，需要特别注意两点。

其一，主播一定要懂得带动气氛，吸引用户驻足。这不仅可以刺激用户购买产品，还能通过庞大的在线观看数量，让更多用户主动进入直播间。

其二，要在直播中提供便利的购买渠道。因为有时候购买产品只是一瞬间的想法，如果购买方式太麻烦，用户可能会放弃。此外，在直播中提供购买渠道，也有利于主播为用户及时答疑，增加产品的成交率。

（2）直播打赏

对于有直播技能的主播来说，最主要的变现方式就是通过直播打赏来赚钱。粉丝在观看主播直播的过程中，可以在直播平台上充值购买各种虚拟的礼物，在主播的引导及自愿情况下打赏给主播，主播则可以从中获得一定比例的提成收入。

这种变现方式要求主播具备一定的语言和表演才能，要有一定的特点或人格魅力，能够将粉丝牢牢地"锁在"直播间，让他们主动送你虚拟礼物。

3.3　全新：小店变现

抖音小店是抖音平台的一个重要功能，同时也是无数商家的带货新平台。运营者入驻抖音小店之后，可以将商品添加至短视频和直播中，用户只需点击对应的商品链接，便可以在抖音平台完成购买，而无需跳转至其他平台，这让商品的购买变得更加便利。

3.3.1　开店测试

如果运营者有开设抖音小店的想法，但不确定哪种开店方式更适合自己，可以先做一个测试，根据测试结果选择相对合适的开店方式。抖音App为运营者提供了开店测试的内容，如图3-12所示。运营者可以通过10个问题的回答来做检测。

图 3-12 开店测试的内容

3.3.2 招商标准

运营者必须满足一定的要求，才可通过招商入驻抖音小店，如图 3-13 所示。需要注意的是，店铺类别不同，需要提供的资料和满足的要求也会有所不同。

> **招商入驻要求**
> 1.必须为企业资质，不接受个人及个体工商户；
> 2.售卖商品包含在招商类目范围内，且具备对应资质；
> 3.开店公司注册资本高于10万元（包含10万元）
> 4.开店公司经营范围及经营时间在营业执照规定经营范围内；
> 5.如经营进口商品，进口品牌需提供国内商标注册证、报关单和检验检疫合格证明；
> 6.商品必须符合法律及行业标准的质量要求；
> 7. 缴纳10000元保证金。
> **品牌授权书**
> 1.合作方为经销商或代理商的请提供品牌方开出的各级授权书，或正规采购合同及进货发票，保证授权链条完整；
> 2.商标持有人为个人注册的，需要注册人开具商标授权书给合作方公司，并提供个人身份证签字；
> 3.授权书约定的销售范围无限制或者明确说明可以在"放心购平台"销售，并且授权书的授权时间在有效期内。
> **质检报告**
> 每个品牌须提供一份由权威质检机构出具的最近2年内的质检报告，或者有效期内的3C认证证书。

图 3-13 抖音小店招商入驻要求

图3-14所示为店铺的类别说明，运营者只需根据该需求提供对应的资料即可。只要通过了抖音官方的相关审核，便可以入驻对应的抖音小店。

> **旗舰店-提供自有品牌商标注册证**
> （1）商家以自有品牌（商标为R或TM状态）入驻小店开设的店铺，或由权利人（商标为R标）出具的在小店开设品牌旗舰店的授权文件（授权文件中应明确排他性、不可撤销性）入驻小店开设的店铺；
> （2）经营一个自有品牌商品的旗舰店；
> （3）经营多个自有品牌商品且各品牌归同一实际控制人。
>
> **专卖店-他人商标注册证+授权文件**
> （1）商家持他人品牌（商标为R标）授权文件在小店开设的店铺；
> （2）经营一个授权销售品牌商品的专卖店；
> （3）经营多个授权销售品牌的商品且各品牌归同一实际控制人的专卖店。
>
> **专营店-他人商标注册证+授权文件**
> 经营同一经营大类下两个及以上他人或自有品牌（商标为R标）商品的店铺。

图3-14 店铺的类别说明

3.3.3 入驻标准

其他平台店铺（比如京东和淘宝）要想运营抖音小店，也必须满足一些标准和条件，如图3-15所示。只有达到了这些标准，才可以通过抖音官方的审核，并获得入驻抖音小店的资质。

1.资质齐全，有淘宝、天猫或京东第三方平台的店铺

淘宝店铺需要满足条件：
店铺开店半年以上
店铺等级一钻以上
淘宝店铺评分（DSR）符合「店铺DSR规则」

天猫店铺需要满足条件：
开店半年以上
天猫店铺评分（DSR）符合「店铺DSR规则」

京东店铺需要满足条件：
开店半年以上
店铺星级3星以上
京东店铺风向标（用户评价、物流履约、售后服务大于等于9.1）

店铺DSR规则：

类目	描述评分	服务评分	物流评分
男装	不低于4.7	不低于4.7	不低于4.7
女装	不低于4.7	不低于4.7	不低于4.7
鞋靴箱包	不低于4.7	不低于4.7	不低于4.7
服饰配件	不低于4.7	不低于4.7	不低于4.7
食品	不低于4.7	不低于4.7	不低于4.7
美妆个护	不低于4.7	不低于4.7	不低于4.7
母婴	不低于4.7	不低于4.7	不低于4.7
教育	不低于4.7	不低于4.7	不低于4.7
其他类目	不低于行业平均值	不低于4.7	不低于4.7

2.资质齐全，抖音账号粉丝大于等于30万。
（校验的是注册店铺账号的粉丝情况）

图3-15 店铺入驻标准

3.4 延伸：小程序变现

抖音小程序是抖音平台的一个重要功能，也是抖音短视频延伸变现的工具。运营者开发一个抖音小程序，相当于增加了一个变现渠道。可以在抖音中放置小程序的链接，用户点击链接便可购买商品，实现变现。

3.4.1 主要入口

和微信对微信小程序一样，抖音对于自己的小程序功能也非常重视，为其提供了5个入口，这也为小程序的变现提供了更多的机会。

（1）视频播放界面

运营者如果已经拥有了自己的抖音小程序，便可以在播放界面插入小程序链接，小程序的特定图标为"[⊙]"，用户只需点击该链接，便可以直接进入对应的链接位置。例如，在猫眼电影的短视频播放界面，用户可以看到账号名称的上方会出现一个带有"[⊙]"图标的链接，点击后，即可进入猫眼电影App抖音小程序《哪吒》的详情界面，如图3-16所示。在详情界面用户可以对电影进行评分和标记，如果电影处于上映期，用户还可以在该界面购买电影票。

图 3-16　视频播放界面中的抖音小程序入口

（2）视频评价界面

除了在视频播放界面直接插入抖音小程序链接，运营者还可在视频评价界面设置抖音小程序的入口。例如，在抖音号小米有品发布的部分短视频中，用户可看到评价区上方有小程序链接，如图3-17所示。

图3-17 视频评价界面的抖音小程序入口

（3）个人主页界面

个人主页界面同样可以插入抖音小程序链接。例如，在抖音号贝贝粒小程序的个人主页就有一个带有抖音小程序的链接。

（4）最近使用的小程序

如果用户近期使用过某些小程序，那么就会在最近使用的小程序中出现。

（5）综合搜索界面

相比于去视频播放界面、视频评价界面和个人主页界面查找，很多用户可能更习惯直接搜索小程序。

3.4.2 入驻方法

步骤01 进入字节跳动小程序开发者平台的默认界面，点击右上方的

"快捷登录"按钮。操作完成后,弹出"快捷登录"对话框,在对话框中输入手机号和验证码;点击"登录"按钮进行登录。

● 步骤02 操作完成后,进入"设置用户名"界面,输入小程序开发者用户名,点击"确认"按钮。

● 步骤03 执行该操作后,进入"申请创建"界面,点击"申请"按钮,如图3-18所示。

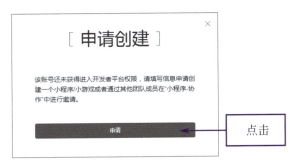

图3-18 "申请创建"界面

● 步骤04 进入申请资料填写界面,填写相关信息,并点击下方的"申请"按钮。申请提交之后,等待审核即可。审核通过之后,运营者便可完成抖音小程序的注册。

3.5 其他:功能变现

除了商品分享功能和抖音小店之外,运营者还需要借助一些其他的功能,让抖音电商内容更丰富、更广泛地推广,比如广告营销变现和POI认证功能。

3.5.1 广告营销变现

抖音官方为运营者提供了一些广告方式,这些广告方式不仅可以为运营者提供营销渠道,还能为变现提供更好的机会。

（1）开屏广告

开屏广告，顾名思义，就是打开抖音App就能看到的一种广告。这种广告的优势在于曝光率较高。按照内容的展示形式，开屏广告可细分为3种，即静态开屏（一张图片到底）、动态开屏（中间有图片的更换）和视频开屏（以视频的形式呈现）。运营者可以根据自身需求，选择合适的展示形式。

（2）信息流广告

信息流广告就是以短视频的形式呈现广告内容，文案中会出现"广告"字样，用户点击视频中的链接，可以跳转至目标页面。

（3）Topview超级首位

Topview超级首位是包含了前面几秒的抖音开屏广告和之后的信息流广告。从形式上来看，Topview超级首位模块很好地融合了开屏广告和信息流广告的优势。既可以让用户在打开App的第一时间就看到广告，也能通过信息流广告对内容进行完整展示，并引导用户了解详情。

3.5.2 POI认证功能

POI是Point of Interest的缩写，可译为"兴趣点"。店铺可以通过认证认领POI地址，认领成功后即可在短视频中插入店铺链接，观看视频的用户点击该链接，便可了解相关信息，如图3-19所示。

图3-19 插入POI地址的店铺

该功能对于经营线下实体店的运营者来说意义重大。这主要是因为运营者如果设置了POI地址，用户便可以在信息界面看到店铺的位置，点击该位置，便可借助导航功能轻松找到。

当然，POI地址功能是一个将抖音流量引至线下的实用工具，引流的效果还得由短视频获得的流量来决定。因此，打造吸引用户的短视频，是该功能发挥功效的基础。

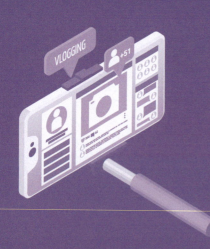

快手篇

第4章

熟悉操作，明确自己营销方向

4G移动网络的普及带火了一批短视频应用，快手便是其中的佼佼者。本章主要介绍快手的运营方法。

4.1 快手：记录世界

快手算是最早扎根于短视频分享的App，一时风头无两。那时候，与快手平分半壁江山的抖音还没有创建，美拍与小咖秀这些短视频还在一二线城市抢夺市场，而快手创始人却不走寻常路，挖掘下沉市场，将"快手"这个产品贴近三四线城市的草根，并为他们量身定做。

2018年，快手推出"快手营销平台"，以社交为中心，整合快接单、快享计划、快手小店等内容和功能。现今，电商为了摆脱扁平化桎梏和加速商业化进程，各大电商开始造节，阿里造"双十一"，京东造"6·18"，苏宁造"8·18"……在这种情形下，2018年11月6日，快手推出首届电商节，至此快手完成商业化布局，正式开启商业变现的旅程。

4.1.1 快手定位

虽然同为短视频应用，但是快手和抖音的定位完全不一样。抖音的红火靠的就是马太效应——强者恒强，弱者越弱。就是说，抖音上本身流量就大的网红和明星可以通过官方支持获得更多的流量和曝光，而普通用户获得推荐和上热门的机会就少得多。

快手的创始人之一宿华曾表示："我就想做一个普通人都能平等记录的好产品。"这恰好就是快手这个产品的核心逻辑，即使损失一部分流量，也要让用户获得平等推荐的机会。

4.1.2 平台特色

与其他平台相比，快手有它自己的一些特色。下面选取其中的2个进行说明。

（1）青少年模式

通过青少年模式的设置，控制孩子使用快手App的行为。

（2）屏幕显示设置

点击快手视频之后，系统默认以全屏模式显示视频内容，如图4-1所示。除此之外，用户还可以选择大屏显示模式，如图4-2所示。

图4-1　全屏模式

图4-2　大屏显示模式

4.2 定位：4种方法

账号定位可以为内容发布指明方向。大家可以从4个方面思考账号的定位。

4.2.1 专长定位

对于拥有专长的人来说，根据自身专长做定位是一种最为直接和有效的方法。运营者只需对自己或团队成员进行分析，选择某个或某几个专长进行账号定位即可。

例如，诺思星商学院讲师语洛老师将自己的快手账号定位为电商干货知识分享，并命名为"依姐教电商"。她通过该账号重点分享了很多电商运营思路，跟粉丝一起探讨电商发展趋势，如图4-3所示。

图4-3 "依姐教电商"发布的短视频

又如，爽儿擅长舞蹈，拥有曼妙的舞姿。因此，她将自己的账号定位为舞蹈作品分享。在这个账号中，爽儿分享了大量舞蹈类视频，这些作品也让她快速积累了大量粉丝。

自身专长包含的范围很广，除了唱歌、跳舞等才艺之外，还包括诸多方面，游戏玩得出色也是一种专长。例如，有一位账号名为"荣耀张大仙"的主播，便将快手号定位为分享自己玩《王者荣耀》的视频。

不难看出，只要运营者或团队成员拥有专长，该专长的相关内容又是比较受关注的，那么，将该专长作为账号的定位，是一种不错的定位方法。

4.2.2 内容定位

快手运营者可以从快手中相对稀缺的内容出发，进行账号定位。例如，快手号"哈尔的移动城堡/"的定位为分享宠物日常，主人还为宠物配音，让短视频充满了幽默感。图4-4所示为该账号发布的相关短视频。

图4-4 "哈尔的移动城堡/"发布的短视频

像这种专门做宠物配音内容的快手号比较少，具有一定的稀缺性。特别是动物的拟人化，受到了诸多网友的喜欢。

4.2.3 需求定位

通常来说，满足用户需求的内容更容易受到欢迎。因此，结合用户的需求和自身专长进行定位是一种不错的方法。

大多数女性都有化妆的习惯，但又觉得自己的化妆水平一般。这些女性通常会比较关注美妆类内容。快手运营者如果对美妆内容比较擅长，将账号定位为美妆号就比较合适了。例如，"认真少女_颜九"是已入驻多个平台的美妆博主，她将快手账号定位为美妆类，持续为用户分享化妆方面的内容。图4-5所示为"认真少女_颜九"发布的相关快手短视频。

图4-5 "认真少女_颜九"发布的短视频

除了美妆，用户普遍需求的内容还有很多。美食制作便是其中之一。比较喜欢做菜的用户，通常都会从快手中寻找一些新菜品的制作方法。因此，如果运营者擅长制作美食，将账号定位为美食制作分享是一种很好的方法。快手号"贫穷料理"是一个定位为美食制作分享的账号。该账号通过视频将一道道菜肴从选材到制作的过程进行全面呈现，如图4-6所示。因为制作过程展示得比较详细，再加上许多美食都是用户想要尝试的。因此，其发布的视频获得大量播放和点赞。

图 4-6 "贫穷料理"发布的短视频

4.2.4 品牌定位

许多企业和品牌在长期发展过程中已经形成了自身特色。如果根据这些特色进行定位，通常比较容易获得用户的认同。根据品牌特色做定位又可以细分为两种方法：一是以能够代表企业的物象做账号定位；二是以企业或品牌的业务范围做账号定位。

三只松鼠就是一个以品牌形象代表企业的物象做账号定位的快手号。这个快手号经常分享一些视频，视频中将三只松鼠的卡通形象作为主角，如图4-7所示。这样的形式，不仅体现自身品牌的特色，也更容易被用户记住。

图 4-7 三只松鼠发布的视频

4.3 账号：了解快手

这一节对快手号的登录和信息设置的相关内容进行简单介绍。

4.3.1 昵称头像

与大多数App不同的是，快手无需进行注册操作，用手机号和相关平台的账号即可登录，如图4-8所示。如果用户在此之前已经进行了授权登录，便可点击下方的"一键登录"按钮，直接用授权的账号登录快手短视频平台，如图4-9所示。

图4-8 账号登录

图4-9 "一键登录"按钮

登录完毕可设置头像和昵称。一般来说，用户看一个快手号，首先注意的是头像和昵称，可见这两项的重要性。

（1）头像

根据需要达到的目的来设置头像。如果运营重点是打造自身形象，可以将个人形象照设置为快手头像；如果是以销售产品为主，可以将产品图片设置为快手头像。

（2）昵称

设置快手号昵称时需要特别注意两点。

① 账号设置对字数有限制，最多不能超过12个字。

② 可以将账号的业务范围等重要信息设置为账号昵称，这样用户一看就知道你是做什么的。如果对你的业务有需求，便会直接关注你的账号。

4.3.2 填写资料

除了头像、昵称和快手号的设置之外，运营者还可在"编辑个人资料"界面填写性别、生日/星座、所在地和个人介绍等信息。填写完之后，将在快手昵称下方显示。

个人介绍部分可以填写自身业务、产品购买、订单查询和联系方式等重点内容。具体可参考下面两个账号，如图4-10所示。

图4-10　快手个人介绍案例

4.4 营销：6种手段

运营者想要运营好自己的快手号，可以从了解算法、熟悉功能、精准推送、掐好时间、加强沟通、质量至上这6个方面进行尝试。

4.4.1 了解算法

（1）推荐话题

打开快手，点击左侧栏的查找，点击"更多"展开按钮，即可看到快手短视频所有的主题，如图4-11所示。抖音置顶的是最热视频榜单，快手不一样，它的主题界面不会显示作品标题，不会直接推荐热门视频，只会显示该视频的专辑图片列表，如图4-12所示。

图4-11　快手所有主题

图4-12　快手"美食"主题界面

（2）主界面

打开快手即可发现它的核心功能：发现、同城和关注。下面从算法逻辑角度谈一谈这3个核心的功能。

① 发现。"发现"界面和抖音一样，采用的是上下翻页的方式，强制推荐并播放给用户，用户无法全局预览推荐的内容，只能不断滑动来跳过不感兴趣的视频内容。

② 同城。"同城"页指的就是显示同一区域附近的人发的视频与直播界面，抖音也有这个功能。快手的"同城"界面采用的是双列Feed瀑布流的方式，用户可以很直观地预览算法推荐的视频封面，从而自由选择想要观看的视频。想要提高视频的曝光量，建议定位在人流量比较多的地方，比如热门商圈、社区和大学附近。

③ 关注。快手关注页直观地展示你所关注的朋友，系统会默认把相同类型的快手号推送给你，引导你关注。

4.4.2 熟悉功能

运营者熟悉快手的主要功能及其能发挥的作用，有利于日后的运营，以及引流、变现工作的展开。

(1) 缩略图

和抖音直接停留在视频界面不同，快手视频缩略图运用了大块的文字色块，通过双Feed瀑布流形式吸引用户，提高点击量。因此，运营者要选择视频里最抓人眼球的画面作为缩略图。

(2) 群聊

快手社交属性要强于其他短视频软件，比如搜索内容后展示的"群聊"功能，可以帮助运营者进一步增加粉丝互动和黏性。

4.4.3 精准推送

从内容消费角度来说，快手的核心主要包括两项：内容和人。

(1) 内容

快手的算法是模糊性读取并将视频分成很多类，然后推送给部分用户。接着，快手会接收来自点赞、评论区等多个角度的反馈，根据反馈分析，进一步扩大视频的传播度。如果该视频传播够大，那么算法会随机挑选一些视频放入用户的"发现"界面。如图4-13所示,某用户经常看绘画相关的视频,快手算法自动在其"发现"界面推荐与绘画相关的视频。

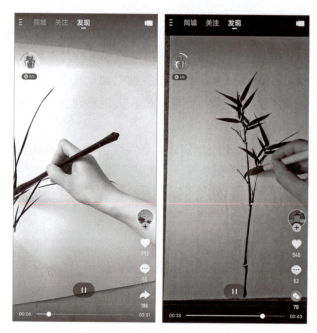

图4-13 某用户的"发现"界面

（2）人

快手算法结合用户观看行为和内容,进而推荐更多类似的视频。当然,一个用户拥有的特征越多,算法推荐的视频结果越精准。从这个层面来说,快手算法需要大量的用户记录和习惯,以建立算法模型,为用户精准推荐。

4.4.4 掐好时间

要想在快手做营销,就要抓住用户刷快手的时间,以便让信息获得更多展现。以下为发布快手视频的最佳时间。

（1）早上,7:00—9:00

正好是快手用户起床、吃早餐、上班路上的时候,这个时候大家都喜欢拿起手机刷刷快手之类的短视频软件。作为快手运营者,应该敏锐地抓住这个黄金时间,发一些关于正能量的视频或说说,给快手"老铁"传递正能量,这样最容易让人记住你。

（2）中午，12:30—13:30

是大家吃饭、休闲的时间，工作了一上午，这个时候大家都想看一些放松、搞笑、有趣的内容来放松一下。

（3）下午，5:30—6:30

是下班高峰期，大家正在回家的路上，刷快手的用户特别多，运营者可以好好抓住这个时间段，发布一些与自己产品相关的内容或者一些引流的视频。

（4）晚上，8:30—10:30

大家都吃完饭了，有的在看电视，有的躺床上休息，睡前刷快手短视频可能已经成了某些年轻人的生活习惯。所以，这个时候选择发一些情感的内容，最容易打动粉丝。

4.4.5 加强沟通

平时快手刷得多的用户会发现一个问题，运营者基本不在评论区互动。

不管是偏向秀场的抖音，还是偏向生活记录的快手，用户其实是喜欢被尊重的。如果运营者秉持这个理念，用心去回复评论，会增强用户的黏性，提高带货能力。图4-14所示为某快手视频的评论区，可以看到运营者只点赞，不评论。

图4-14 某快手视频的评论区

4.4.6　质量至上

快手运营者可以通过为受众持续性地生产高价值的内容，从而在用户心中建立权威，加强他们对你的信任度和忠诚度。在自己生产内容时，可以运用以下技巧，轻松打造持续性的优质内容。

① 做自己真正喜欢和感兴趣的领域。
② 做更垂直、更差异的内容，避免同质化。
③ 多看热门推荐，多思考总结他们的亮点。
④ 尽量做原创，不要直接搬运。

第 5 章

快手引流，新手也能成为网红

如何从运营新手到网红达人？其中一个关键就是通过引流推广积累粉丝，增强自身影响力。如何做好快手引流？笔者认为可以从平台内部和其他平台分别进行引流推广。

5.1 平台：内部引流

快手短视频自媒体的影响力日益增大，平台用户也越来越多。对于快手这个聚集大量流量的地方，运营者该如何进行平台引流呢？

5.1.1 标签引流

话题标签引流，这种方式抖音和快手都有，它最大的作用是开发商业化产品。快手平台运用了"模仿"这一运营逻辑,实现了品牌最大化的营销诉求。

当然,参加话题挑战的关键在于找到合适的话题。方法有两种,一种是从热门内容中选择话题,另一种是在刷视频的过程中选择话题。

(1)从热门内容中选择话题

运营者可以进入快手搜索界面查看"热榜",选择某项内容,进入该内容的"标签"界面,如图5-1所示。

图5-1 某内容的"标签"界面

图5-2 话题标签界面

选择对应的标签,进入标签界面,会出现与该话题标签相关的热门和最新短视频,如图5-2所示。运营者可以根据该话题中相关视频的内容总结经验,据此打造带有热门话题标签的视频,从而提高自身内容的吸引力,增强引流推广能力。

(2)在刷视频的过程中选择话题

有的视频中会带有话题标签,运营者如果想打造相关视频,只需点击对应的话题标签即可。例如,在快手评论区中点击"#拼多多#"话题标签,如图5-3所示,便可进入"#拼多多"话题界面,如图5-4所示。

图 5-3　点击话题标签　　　　图 5-4　"#拼多多"话题界面

（3）参与快手挑战赛

从数据来看，参加快手挑战赛的引流营销模式非常可观，但是需要注意以下 3 点规则。

① 在挑战赛中，快手运营者越少露出品牌，越贴近日常挑战内容话题文案，播放量越可观。

② 首发视频可模仿性越容易，全民的参与度越高，才能更轻松地引流。

③ 快手参加挑战赛，快手的信息流会为品牌方提供更多的曝光，带去更多的流量，还可以通过流量累积粉丝、沉淀粉丝，更容易被用户接受，实现附加价值。

5.1.2　矩阵引流

快手矩阵是指同时运营不同的账号来打造一个稳定的粉丝流量池。道理很简单，将内容进行分类，将同一风格、不同内容的视频组建成不同账号，通过账号之间互动来达到引流吸粉的目的，如图 5-5 所示。

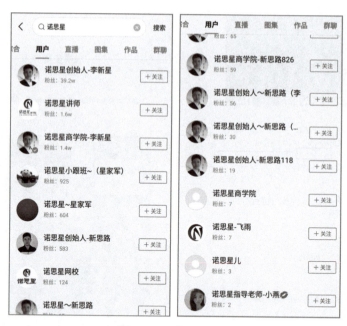

图 5-5 矩阵账号示例

不得不说,快手矩阵的好处很多。

① 展现品牌:可以全方位地展现品牌特点,扩大影响力。

② 内部引流:可以形成链式传播来进行内部引流,大幅度提升粉丝数量。

③ 团队管理高效便捷:通过矩阵账号,分工合作明显,提高团队运营、管理和激励的效率。

④ 宣传激励和扶持:主账号可以根据其他号及其作品表现,打通粉丝头条和DSP投放,挑选优秀内容进行定向扶持。

⑤ 广告投放:可以完善账号广告投放链条,互相影响,加速快手视频和广告的传播。

5.1.3 互推引流

通过爆款大号互推的方法,也就是两个或者两个以上的快手运营者,双方或者多方之间达成协议,进行粉丝互推,达到共赢的目的。通过互推,运营者能在短时间内获得大量的粉丝,效果十分可观。

相信大家见到过某一个快手账号会专门拍一个视频给一个或者几个快手

账号进行推广的情况，这就是快手账号互推。两个或者多个快手账号的运营者会约定好有偿或者无偿为对方推广。

运营者在采用快手账号互推吸粉引流的时候，需要注意一点，互推账号尽量不要跟自己是同类型的，因为这样会存在一定的竞争关系。

两个互推的账号最好互补。举个例子，你的快手账号是卖健身用品的，应该考虑找那些推送减肥教程的快手账号互推，这样获得的粉丝才是有价值的。

5.1.4　直播引流

在互联网商业时代，流量是所有商业项目生存的根本，谁可以用最少的时间获得更高更有价值的流量，谁就有更大的变现机会。

直播对于运营者而言，真人出镜的要求会比较高，需要克服心理压力，表情要自然和谐，同时最好有过人的颜值或才艺。因此，真人出镜通常适合一些快手"大V"打造真人IP，积累一定粉丝数量后，可以通过接广告、代言来实现IP变现。

对于一般的快手运营者，在通过短视频或直播引流时，也可以采用"无人物出镜"的形式。这种形式粉丝增长速度比较慢，可以通过账号矩阵的方式来弥补，以量取胜。下面介绍"无人物出镜"的具体操作方法。

（1）真实场景+字幕说明

直播可以通过真实场景演示和字幕说明相结合的形式展现，将自己的观点表达出来，这种拍摄方式可以有效避免人物的出现，同时又能够将内容完全展示出来，非常接地气，自然能够得到大家的关注和点赞。

（2）游戏场景+主播语音

大多数用户看游戏类直播，重点关注的还是游戏画面。因此，这一类直播直接呈现游戏画面即可。另外，一个主播之所以能够吸引用户观看直播，除了本身过人的操作之外，语言表达也非常关键。因此，游戏场景+主播语音就成了许多主播的重要直播形式。图5-6所示的两个直播采取的便是这种直播形式。

图 5-6　游戏场景 + 主播语音的直播形式

（3）图片+字幕（配音）

发布的直播都是一些关于抖音、微信、微博营销的专业知识，很多短视频作品都是采用图片+字幕（配音）的形式。

（4）图片演示+音频直播

直播中"图片演示+音频直播"的内容形式，主播可以与学员实时互动。学员可以在上下班路上、睡前、休息时，边玩 App 边听课程分享，节约时间，获得更好的体验，从而吸引更多用户成为你的粉丝。

5.1.5　借势引流

当我们看到有趣的或者某位知名人士发布的高点赞量视频时，可以借助热度，拍同款或者同框视频，将热点视频的流量引流至自己的视频。

运营者如果觉得某个短视频的背景音乐很适合自己要拍摄的内容，便可以使用拍同款功能，借助原视频的背景音乐来打造视频内容，如图 5-7 所示。拍同框是拍同款的一种，是指在一个视频的基础上，再拍摄另一个视频，这两个视频会分别在屏幕的左右两侧同时呈现，如图 5-8 所示。

图 5-7　拍同款功能　　　　　　　　　图 5-8　同框视频

5.1.6　内容引流

虽然一个企业或个人在平台上的力量有限，但这并不能否定其内容的影响力。要想让目标群体全方位地通过内容了解产品，比较常用的方法就是造势。

（1）传播轰动信息

运营者给受众传递轰动、爆炸式的信息，立刻能够成功吸引眼球。当然发布这些信息前，需要确认其准确性、合法性，且是正面的。

（2）总结性的内容

"十大"是典型的总结性内容，如《电影中五个自带BGM出场的男人》《2019年十大好电影推荐》等，这种类型的视频主要特点是传播率广，在网站上容易被转载和产生一定的影响力。

（3）自制条件造势

除了借势，在推广内容时还可以采用自我造势的方式，来获得更多的关注度，形成更大的影响力。任何内容运营推广都需要两个基础条件，即足够多的粉丝数量和与粉丝之间拥有较为紧密的关系。

运营者要紧紧地扣住这两点，通过各种活动为自己造势，增加曝光度，从而获得更多粉丝。为了与这些粉丝保持紧密关系，运营者可以经常在各种平台发布内容，策划一些线下的影响活动，通过自我造势带来轰动，引发用户围观。

总的来说，自我造势能够让用户清晰地识别并唤起他们对产品的联想，并进行消费，可见其对内容运营推广的重要性。

5.1.7 封面引流

一篇好的文章如果拥有一个好的标题，能起到画龙点睛的作用，吸引更多读者阅读。同样的道理，一个短视频，要想在短短几秒的时间里，将剧情、推广等信息传达给用户，就必须使用一张诱人的封面和令人感兴趣的文字。如图5-9所示，封面"永不过时的6大赚钱行业"这个标题极具悬念。图5-10所示为某短视频中的星球对比图，其中大小星球的对比画面，让科幻迷忍不住想点进去一探究竟。

图5-9 标题具有悬念的视频

图5-10 封面具有视觉冲击的视频

当然，封面和标题不能过于浮夸，失去生活本真，不要使用"看完这个视频，15亿中国人都惊呆了"这种空洞的标题。

5.1.8　粉丝推广

对于快手运营者来说，个人（或运营团队）的力量毕竟有限。在运营过程中可以适当借助粉丝的力量，让粉丝变成账号的推广员。在此之前，首先得让粉丝对账号的运营工作产生认同感。可以重点做好以下3点。

（1）及时回复粉丝私信

及时回复粉丝的私信，看起来只是一件很小的事情，但在粉丝看来却很重要。如果运营者在收到私信之后，马上就回复，粉丝会觉得自己受到了重视，甚至会觉得有些受宠若惊，自然会乐于帮你进行推广。

（2）增强粉丝的信任感

运营者需要与粉丝建立信任感，让粉丝觉得你的账号值得推荐给其他人。如何增强粉丝的信任感？最主要的一点就是答应了的事情一定要做到，让粉丝觉得你说到做到，比较讲信用。

（3）让粉丝看到你的价值

对于大多数用户来说，只有在其看来有价值的账号才值得被推荐。因此，运营过程中，一定要让粉丝看到你的价值。例如，摄影类快手号应该分享一些优质的摄影技巧及摄影作品，让粉丝看到该账号摄影水平比较高。

5.1.9　福利引流

如果能在视频中发放一些福利，有可能快速吸引用户的围观。这里的福利包含的范围比较广，只要是对用户有益处的都算。既可以发放一些实物奖励，让福利看得见摸得着；也可以分享一些稀有的资源，满足用户的好奇心。

图5-11所示为分享声控福利来进行引流。大家可以看到，该运营者将"福利"二字直接放在了视频封面上。许多声控对于配音演员的声音比较着迷，看到该福利之后，很有可能迅速被吸引。

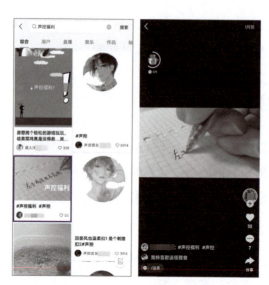

图 5-11 通过分享声控福利引流

5.2 其他：外部引流

除了在快手进行平台内引流之外，运营者还可以跨平台引流，实现内容的广泛传播，获取更多目标用户。这一节就来介绍运营者需要重点把握的 4 大引流平台和相关注意事项。

5.2.1 微信引流

微信平台引流主要可以从 3 个方面进行，一是微信聊天引流，二是朋友圈引流，三是公众号引流。

（1）微信聊天引流

微信聊天功能既是重要的沟通工具，也是引流推广的渠道。在快手短视频平台中开设了分享功能，快手运营者可以利用该功能将短视频直接发送至微信聊天界面，从而达到引流推广的目的，具体操作步骤如下。

▶ 步骤01 在快手短视频平台中，进入需要分享的快手短视频播放界面，

❶点击"➦"按钮,弹出"分享至"弹窗;❷点击对话框中的"微信好友"按钮,如图5-12所示。

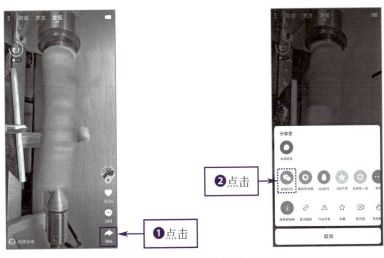

图 5-12　播放界面

步骤02　进入微信的"选择"界面,点击需要分享的对象,操作完成后弹出"发送给:"对话框,点击对话框中的"分享"按钮,如图5-13所示。

步骤03　操作完成后,微信聊天界面如果出现快手分享链接,就说明视频分享成功了,如图5-14所示。分享对象只需点击链接便可进入快手短视频平台,播放对应的视频,这便达到了引流推广的目的。

图 5-13　点击"分享"按钮

图 5-14　出现快手分享链接

077

(2) 朋友圈引流

朋友圈这一平台，对于快手运营者来说，虽然传播范围较小，但是从对接收者的影响程度来说，却具有其他平台无法比拟的优势，具体如下。

① 用户黏性强，很多人每天都会去翻阅朋友圈。
② 朋友圈好友间的关联性、互动性强，可信度高。
③ 朋友圈用户多，覆盖面广，二次传播范围大。
④ 朋友圈内转发和分享方便，易于短视频内容传播。

在朋友圈中进行短视频推广，运营者应注意以下3个方面。

① 拍摄视频时要注意起始画面的美观性。因为推送到朋友圈的视频不能自主设置封面，显示的是视频的起始画面。当然，运营者也可以通过剪辑的方式保证推送视频"封面"的美观性。

② 推广短视频时要做好文字描述。在短视频发送之前，要把重要的信息放上去，如图5-15所示。这样设置，一来有助于受众了解短视频，二来设置得好，可以吸引受众点击观看。

③ 利用短视频推广商品时要利用好朋友圈评论功能。朋友圈中的文本字数太多会被折叠起来，为了完整展示信息，运营者可以将重要信息放在评论里展示，如图5-16所示。这样就会让浏览朋友圈的人看到推送的有效文本信息。这也是一种比较明智的推广短视频的方法。

图 5-15 做好重要信息的文字表述

图 5-16 利用好朋友圈的评论功能

（3）公众号引流

微信公众号是个人、企业等主体进行信息发布，并通过运营来提升知名度和品牌形象的平台。运营者如果要选择一个用户基数大的平台推广短视频，且期待通过长期的内容积累构建自己的品牌，微信公众平台是一个理想的选择。

在微信公众号上，运营者如果进行快手视频和快手账号的推广，既可以在微信公众号中展示快手号的基本信息，也可以在微信公众号文章中插入快手短视频。图5-17所示是以插入快手短视频的方式进行推广。

图 5-17　在微信公众号中插入快手短视频

运营者并不局限于某一个短视频的推广，如果打造的是有着相同主题的系列，还可以把视频组合在一篇文章中联合推广，这样更有助于受众了解短视频及其推广的主题。

5.2.2　QQ引流

腾讯QQ有两大推广利器：一是QQ群；二是QQ空间。我们先来看看QQ群如何做推广引流。

无论是微信群，还是QQ群，如果没有设置"消息免打扰"，群内任何人发布信息，其他人都会收到。因此，与朋友圈和微信订阅号不同，通过微信群和QQ群推广短视频，可以让推广信息直达受众，受众关注和播放的可能性更大。

此外，微信群和QQ群内的用户都是基于一定目标、兴趣而聚集在一起的，如果运营者推广的是专业类的视频内容，可以选择这一类平台。

另外，相对于微信群，QQ群更易于添加和推广。目前，QQ群分出了许多热门分类，运营者可以通过查找同类群的方式加入群，然后通过短视频进行推广。QQ群推广方法主要包括QQ群相册、QQ群公告、QQ群论坛、QQ群共享、QQ群动态和QQ群话题等。

利用QQ群话题来推广短视频，运营者可以通过相应人群感兴趣的话题来引导用户的注意力。例如，在摄影群，运营者可以先提出一个摄影人士普遍感觉比较有难度的摄影场景，引导大家评论，然后再适时分享一个能解决这一摄影问题的短视频。这样的话，有兴趣的人一定不会错过。

QQ空间是短视频运营者可以充分利用起来的一个好地方。当然，运营者首先应该建立一个昵称与快手短视频运营账号相同的QQ号，这样才能更有利于积攒人气，吸引更多人前来关注和观看。下面就为大家具体介绍7种常见的QQ空间推广方法。

① QQ空间链接推广：利用"小视频"功能，在QQ空间发布快手短视频，让QQ好友点击查看。

② QQ认证空间推广：订阅与产品相关的人气认证空间，更新动态时可以马上评论。

③ QQ空间生日栏推广：通过"好友生日"栏提醒，引导好友查看你的动态信息。

④ QQ空间日志推广：在日志中放入快手短视频账号的相关资料，更好地吸引受众的关注度。

⑤ QQ空间说说推广：QQ签名同步更新至说说上，用一句有吸引力的话激起受众的关注。

⑥ QQ空间相册推广：很多人加QQ都会查看相册，所以相册也是一个很好的引流工具。

⑦ QQ空间分享推广：利用分享功能分享快手短视频信息，好友点击标题即可进行查看。

5.2.3 微博引流

在微博平台上,运营者进行短视频推广,除了微博用户基数大外,主要还是依靠两大功能来实现其推广目标,即"@"功能和热门话题。

"@"这个功能非常重要。在博文里可以"@"明星、媒体、企业,如果媒体或名人回复了你的内容,就能借助他们的粉丝扩大自身的影响力。若明星在博文下方评论,则会受到很多粉丝及微博用户关注,那么短视频定会被推广出去。图5-18所示为快手通过"@"某明星来做联合宣传推广的案例。

微博"热门话题"是一个制造热点信息的地方,也是聚集网民数量最多的地方。快手运营者要利用好这些话题,推广自己的短视频,发表自己的看法和感想,提高阅读和浏览量。

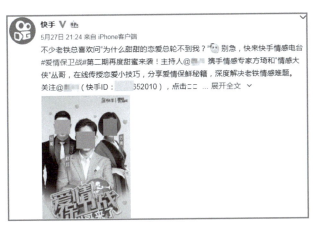

图 5-18 快手通过"@"吸引用户关注的案例

5.2.4 百度引流

作为中国网民经常使用的搜索引擎之一,百度毫无悬念地成了互联网PC端强劲的流量入口。具体来说,快手运营者借助百度推广引流主要可从百度百科、百度知道和百家号这3个平台切入。

(1)百度百科

百科词条是百科营销的主要载体,做好百科词条的编辑对快手运营者来说至关重要。百科平台的词条信息有多种分类,但对于快手运营者引流推广而言，主要的词条形式包括如下4种。

① 行业百科。快手运营者可以以行业领头人的姿态，参与到行业词条信息的编辑，为想要了解行业信息的用户提供相关行业知识。

② 企业百科。快手运营者所在企业的品牌形象可以通过百科进行表述，例如奔驰、宝马等汽车品牌，在这方面就做得十分成功。

③ 特色百科。特色百科涉及的领域十分广阔，例如名人可以参与自己相关词条的编辑。

④ 产品百科。产品百科是消费者了解产品信息的重要渠道，能够宣传产品，甚至是起到促进产品使用和产生消费行为等作用。

对于快手运营者引流推广而言，相对比较合适的词条形式无疑是企业百科和特色百科了。如果是以企业形式运营的快手号，可以通过百度百科对企业的相关信息进行介绍，并将百度用户引流至快手平台，变成企业快手号的粉丝。而以个人形式运营的快手号，则可以利用个人的名气，创建个人特色百科。

图5-19所示为百度百科中关于"李佳琦"的相关内容，其采用的便是特色百科的形式。通过该词条，可以更清楚地了解李佳琦的相关信息。需要进一步了解李佳琦的百度用户，甚至会去查看其快手视频，这便起到了很好的引流推广作用。

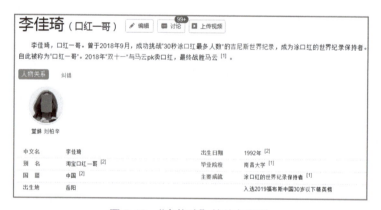

图 5-19 "李佳琦"的特色百科

（2）百度知道

百度知道在网络营销方面具有很好的信息传播和推广作用，利用百度知道平台，通过问答的社交形式，可以对快手运营者快速、精准地定位。百度知道在营销推广上具有两大优势：精准度和可信度高。这两大优势能形成口碑效应，对网络营销推广来说尤为珍贵。

通过百度知道来询问或作答的用户，通常对问题涉及的东西很感兴趣。比如，有的用户想要了解"哪些饮料比较好喝"，部分饮料爱好者可能就会推荐自己喜欢的，提问方通常也会接受这种推荐。

百度知道是网络营销的重要方式，因为它的推广效果相对较好，能为企业带来直接的流量和有效的外接链。基于百度知道而产生的问答营销，是一种新型的互联网互动营销方式，既能为快手运营者植入软性广告，同时也能通过问答来吸引潜在用户。

图5-20所示为赵一涵的相关问答信息。不仅增加了其在用户心中的认知度，更重要的是对赵一涵的相关情况进行了简要的介绍；不仅让大家知道她是赵本山的女儿，还可以从中了解赵一涵性格很好，能歌善舞。看到该问答之后，部分用户便会对赵一涵产生一些兴趣，这无形之中便为其快手账号带来了一定的流量。

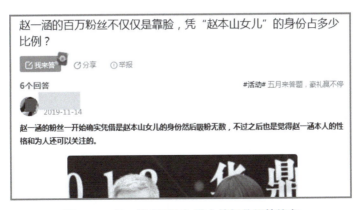

图5-20　赵一涵在百度知道中的相关问答信息

（3）百家号

百家号是百度旗下的一个自媒体平台，于2013年12月正式推出。快手运营者入驻百度百家平台后，可以在该平台发布文章，而平台会根据文章阅读量给予运营者收入，与此同时百家号还以百度新闻的流量资源作为支撑，帮助快手运营者进行视频和快手号的推广。

百家号上涵盖的新闻有5大模块，即科技版、影视娱乐版、财经版、体育版和文化版。此外，百度百家平台排版十分清晰明了，用户在浏览新闻时非常方便。在每条新闻模块的左边是最新新闻,右边是新闻的相关作家和文章排行。

值得一提的是,除了对品牌和产品进行宣传之外,快手运营者还可以通过内容的发布,从百家号上获得一定的收益。总的来说,百家号的收益主要来自三大渠道,具体如下。

① 广告分成:百度投放广告,盈利后采取分成形式。

② 平台补贴:主要包括文章保底、百+计划、百万年薪作者等奖励补贴。

③ 内容电商:通过内容插入商品所产生的订单量和分佣比例来具体计算收入。

5.2.5 注意事项

引流是变现的必经过程,没有流量就没人愿意买产品。那么,在引流过程中,我们应该避开哪些误区?

(1)盲目跟风 ✗

有些人是看当下什么火,什么可以大量吸粉,就跟着做什么内容,完全不考虑自己是否擅长,也不考虑自己账号设定是否适合发布这类内容。

雷军曾说:"站在风口,猪都会飞。"但是猪能够飞起来,肯定是有准备的。同样的道理,快手运营者不应该盲目跟风,要有所准备。

(2)软件刷粉 ✗

你利用快手的漏洞使用第三方软件刷粉或者刷播放量,刷出来的粉丝都是僵尸粉,对于引流来说没有意义,甚至会降低粉丝活跃度,损害自己的账号。万一快手查询到你恶意刷粉,会将你列入黑名单,这种做法得不偿失。

第6章

高效变现成为运营最终赢家

在快手平台，运营者除了要提供优质的内容外，也需要通过变现来实现自己的价值。不管内容有多优质，都需要借助广告投放、直播、知识付费等手段来变现。这样也可以获取更多用户的关注。

6.1 基础：直播变现

自2020年主播这一职业得到官方承认后，越来越多的人加入这一行业。快手上不乏专业团队包装和运营的职业主播，也有不少跃跃欲试、缺少经验的新手运营者。对于这些直播新玩家而言，他们又是通过哪些方式在这个竞争激烈的行业占有一席之地，获取流量并变现的呢？

6.1.1 直播礼物

主播们可以通过直播，获得粉丝的打赏，而打赏的这些虚拟礼物又可以直接兑换成钱。

图6-1所示为两个快手主播直播的相关画面，可以看到其中便有一些快手用户送出了礼物。

图 6-1 快手主播直播画面

大多数短视频平台的礼物都需要花钱购买，快手却有一些不同。它可以根据在线查看直播的时间，点击直播间的百宝箱，在"每日百宝箱"对话框中领取对应的快币，如图6-2所示。

快手用户领取快币之后，主播可以用才华或技巧引导，让用户将快币兑换成猫粮送给主播，从而提高直播间的热度，如图6-3所示。

6.1.2 直播卖货

一般来说，主播都会在直播间插入一些商品，通过直播卖货来获取收益。如果直播间插入了商品，下方都会出现 按钮，如图6-4所示。

图6-2 领取快币

图6-3 快币兑换礼物送给主播

图6-4 带货直播间

　　主播会根据自身的定位和条件在直播间添加商品，比如定位为服装行业的快手账号添加的商品是服装。因此，该快手账号不仅能卖出大量的服装，还能吸引一大批喜爱服装的粉丝，如图6-5所示。

图 6-5 某账号的服装商品

对于网红主播而言，他们通常会和厂家进行合作，以最低的价格买进商品，从而在性价比上形成压倒性的优势。此外，还有一些快手号本身就是知名品牌，他们直播带货的商品都是自家的。图 6-6 所示为森马快手号的带货预告。

图 6-6 森马快手号的带货预告

在直播卖货时，主播需要遵循一定的原则，具体如下。

① 热情主动。同样的商品，为什么有的主播卖不动，有的主播简单几句话就能获得大量订单？当然，这可能与主播自身的流量有一定的关系，但即便是流量差不多的主播，同样的商品销量也可能出现较大的差距。这很可能与主播的态度有关系。

如果主播热情主动地与用户沟通，让用户觉得像朋友一样亲切，那么用户自然愿意为主播买单；反之，如果主播对快手用户爱答不理，让用户觉得自己被忽视了，那么用户可能连直播都不太想看，更不用说购买产品了。

② 保存一定频率。如果主播能够保存一定的直播频率，那么忠实的快手用户便会养成定期观看的习惯。这样主播将获得越来越多的忠实用户，用户贡献的购买力自然也会越来越强。

③ 为用户谋利。每个人都会考虑到自身的利益，快手用户也是如此。如果主播能够为其谋利，那么快手用户就会支持你，为你贡献购买力。

例如，李佳琦曾经因为某品牌给他的产品价格不是最低，让粉丝买贵了，于是就向粉丝道歉，并让粉丝退货。此后更主动停止了与该品牌的合作。虽然李佳琦此举让自己蒙受了一定的损失，但是却让粉丝看到了他在为粉丝们谋利。他之后的直播获得了更多粉丝的支持。图6-7所示为李佳琦快手号主页。

图 6-7 李佳琦快手号主页

当然，为快手用户谋利并不是一味地损失主播自身的利益，而是在不过分损失自身利益的情况下，让用户以更加优惠的价格购买产品，让用户看到你也在为他们考虑。

此外，直播卖货不只是将产品挂上链接，并将产品展示给用户，而是通过一定的技巧，提高快手用户的购买欲望。那么，直播卖货有哪些技巧呢？主播们可以从以下3个方面进行考虑。

① 不要太贪心。主播不能把用户当作"韭菜"。

② 积极与用户互动。通过与快手用户的互动，一步步引导其购买直播间的产品。

③ 亲身说法。主播最好在直播过程中将产品的使用过程展示给用户，并分享自己的良好感受。

6.2 提升：电商变现

对于快手运营者来说，最直观、有效的盈利方式当属销售商品或服务进行电商变现了。借助快手平台销售产品或服务，只要有销量，就有收入。具体来说，主要有4种形式。

6.2.1 视频购物

快手运营者可以在视频中插入商品链接，让用户点击链接购买商品，从而通过视频购物进行变现。如果快手短视频插入了商品链接，那么播放界面的左下角会有一个 按钮，如图6-8所示。

图6-8 视频中插入商品链接

快手运营者在视频中可以直接添加自己快手小店的商品，当用户通过该链接购买后，即可实现变现，如图6-9所示。

图6-9 视频中添加自己小店的商品

6.2.2 小店销售

快手运营者申请开通快手小店之后，可以在自己的店铺上架相关商品，如图6-10所示。

图6-10 快手小店

快手运营者需要注意的是，不要在快手小店上架国家禁止销售的商品或违禁品，也不要上架三无产品，具体要求可参考快手官方公告。

6.2.3 售卖课程

部分自媒体和培训机构，可能自身是无法为消费者提供实体类的商品的。那么，是不是对他们来说，快手短视频平台仅仅就是积累粉丝，进行自我宣传的一个渠道呢？

很显然，快手短视频平台的价值远不止如此，只要自媒体和培训机构拥有足够的干货内容，同样是能够获取收益的。比如，可以在快手短视频平台中通过开设课程招收学员的方式，借助课程费用实现变现。

如图6-11所示，在某CAD教学快手号的主页中有一个专区，快手用户进入"他的精选"界面，该界面会列出该账号的一些教学课程。点击某个教程进入，便可了解该教程的内容，有需要的还可以直接购买。此时该快手号便实现了变现。

图6-11 销售课程变现

6.2.4 微商经营

微商卖货和直接借助快手平台卖货虽然销售的载体不同，但有一个共同点，那就是要有可以销售的产品，最好是有自己的代表性产品。而微商卖货的重要一步就在于，将快手用户引导至微信等社交软件。这一点很容易便能做到，快手号运营者可以在快手账号简介中展示微信等联系方式，吸引快手用户添加，如图6-12所示。

图 6-12 账号简介中展示联系方式

将快手用户引导至社交软件之后，便可以通过将微店产品链接分享至朋友圈等形式，对产品进行宣传，如图6-13所示。只要用户点击链接购买商品，微商便可以直接赚取收益了。

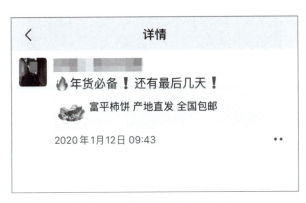

图 6-13 微信朋友圈宣传产品

6.3 进阶：粉丝变现

快手是一个流量巨大的平台，而对于快手运营者来说，借粉丝的力量变现也不失为一种不错的生财之道。

粉丝变现的关键在于吸引快手用户观看你的短视频，然后通过短视频内容引导快手用户，从而达成自身的目的。一般来说，粉丝变现主要有3种方式。

6.3.1 出版图书

图书出版，主要是指快手运营者在某一领域或行业经过一段时间的经营，拥有了一定的影响力或者经验之后，将经验进行总结为文字，进行图书出版，借此获得收益。

短视频原创作者采用出版图书这种方式，只要快手短视频运营者本身有基础与实力，收益还是很乐观的。例如，快手号一禅小和尚便曾采取这种方进行变现。一禅小和尚通过快手短视频的发布，积累了800多万粉丝，成功塑造了一个IP。图6-14所示为一禅小和尚的快手主页。

图 6-14 一禅小和尚的快手主页

因为一禅小和尚的形象在许多快手用户心中留下了深刻的印象，再加上该快手号中发布的内容比较打动人。所以，一禅小和尚结合自身的形象和快手号的相关内容出版了一些图书，如图6-15所示。

图6-15　一禅小和尚出版的图书

这些书出版之后短短几天，不仅获得了一些销量，还受到了部分快手用户的积极推荐。这些书之所以如此受欢迎，除了内容对读者有吸引力之外，部分快手用户是冲着一禅小和尚这个IP来买书的。

另外，快手运营者的图书作品火爆后，还可以通过售卖版权来变现，小说等类别的图书版权可以用来授权拍电影、拍电视剧或者网络剧等，这种版权收入可以说相当可观。

当然，这种方式比较适合那些成熟的短视频团队，如果作品拥有了较大的影响力，便可进行版权盈利变现。

6.3.2　引流线下

快手用户都是通过快手短视频App来查看线上发布的相关短视频的，而对于一些在线上没有店铺的快手运营者来说，要做的就是通过短视频将线上的用户引导至线下，让用户到实体店打卡。

如果快手运营者拥有自己的线下店铺，或者有跟线下企业合作，则建议大家一定要定位，这样可以获得一个地址标签，快手用户可以借助地图更方便地找到店铺，并到店铺中打卡。

除此之外，快手运营者将短视频上传之后，附近的快手用户还可在同城版块中看到该短视频。再加上定位功能的指引，便可以有效地将附近的快手用户引导至线下实体店。具体来说，其他快手用户可以在同城版块中通过如下操作了解线下实体店的相关信息。

例如，在同城界面中点击某个视频，如果该视频进行了定位，那么播放页面下方便会出现 图标和对应地址及店名，如图6-16所示。除此之外，快手号还可以直接在主页界面中进行定位，积极引导用户到实体店打卡。

图 6-16　视频播放页下方出现 图标和对应地址及店名

在快手平台上，只要有人观看你的短视频，就能产生触达。定位拉近了实体店（或企业）与用户的距离，在短时间内能够将大量用户引导至线下，方便了品牌进行营销推广和商业变现。而且定位搭配话题功能和快手天生的引流带货基因，也让线下店铺的传播效率和用户到店率得到提升。

6.3.3　账号出售

在生活中，无论是线上还是线下，都是有转让费存在的。而这一概念随着时代的发展，逐渐有了账号转让的存在。同样的，账号转让也是需要接收者向转让者支付一定费用的，账号转让便成为获利变现的方式之一。

而对快手平台而言，由于快手号更多的是基于优质内容发展起来的，因此，快手号转让变现通常比较适合发布了较多原创内容的账号。如今，互联网上关于账号转让的信息非常多，一定要慎重对待有意向的账号接收者，不能轻信，且一定要到比较正规的网站上来操作，以防受骗上当。

例如，鱼爪新媒交易平台便提供了快手账号的转让服务，快手运营者只需点击鱼爪新媒交易平台首页界面的"快手号交易"按钮，便可进入"快手号交易"界面，如图6-17所示。

图 6-17 "快手号交易"界面

如果快手运营者想转让账号，只需点击"快手号交易"界面的"我要出售"按钮，便可进入"我要出售"界面，如图6-18所示。在该界面❶填写相关信息，❷点击"确认发布"按钮，即可发布账号转让信息。只要账号售出，快手运营者便可以完成变现。

当然，在采取这种变现方式之前，一定要考虑清楚。因为账号转让相当于将账号直接卖掉，一旦交易达

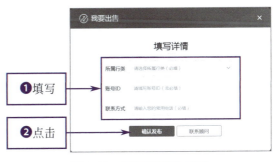

图 6-18 "我要出售"界面

成，快手运营者将失去账号的所有权。如果不是专门做账号转让的或不急需变现的，不建议采用这种方式。

6.4 其他：更多变现

除了直播变现、电商变现和粉丝变现之外，快手运营者还可以通过其他变现方式来提高自身的"钱"力。

6.4.1 承接广告

当快手运营者积累了大量粉丝，账号成了一个知名度比较高的IP之后，可能会被邀请做广告代言。此时，快手运营者便可以赚取广告费的方式进行IP变现。

通过广告代言变现的IP还是比较多的，它们共同的特点就是粉丝数量多，知名度高。图6-19所示为冯提莫的快手主页，可以看到其粉丝量超过了100万。

图 6-19 冯提莫的快手主页

正是因为有如此多的粉丝，冯提莫成功接到了许多广告代言，其中不乏一些知名品牌的代言。图6-20所示为冯提莫代言的东南汽车宣传海报。

图 6-20 冯提莫代言的宣传海报

6.4.2 品牌变现

品牌能够借助火爆的短视频内容效应引动粉丝,从而达到流量与价值的双重变现。超级IP与品牌通过短视频将双方紧密结合,是快手变现的一个新渠道。

例如,三只松鼠便在快手上开设了官方账号,并用该账户发布了一些短视频。图6-21所示为三只松鼠的快手主页和发布的相关短视频。

图 6-21 三只松鼠的快手主页和发布的相关短视频

虽然三只松鼠并没有在快手直接开设小店，但通过短视频的发布，也从一定程度上提高了品牌在用户心中的知名度和认同感，同时能够促进产品的销售，让品牌获得更多利润。当然，通过快手进行品牌变现时，还需要注意如下两点。

（1）快手和超级IP的共性

快手可以为品牌带来大量的流量，同样的，品牌也具备这个能力。在互联网中创业，流量是最重要的"武器"，没有流量就难以赢得市场，没有消费者就不会有收益。可以说，现在就是一个"粉丝时代"，拥有流量的品牌或IP才能真正做好做大。

（2）做好品牌

快手的基础用户画像报告显示，男女比例基本持平，年龄大部分在35岁以下，整体学历不高，最高学历为高中，而且大部分是三四线城市的人群。

可以看出，快手用户存在明显的圈层，因此，品牌如果想要扩散到更广泛的人群，必须在内容上下功夫，此时定位就相当重要了。

6.4.3　IP变现

快手运营者要把个人IP做成品牌，粉丝达到一定数量后可以向娱乐圈发展，如拍电影和电视剧、上综艺节目以及当歌手等，实现IP的增值，从而找到更多、更好的变现方式。如今，快手平台上就有很多"网红"进入娱乐圈发展。

例如，作为一个实力派创作歌手，白小白不仅在快手上发布了大量歌唱类短视频，更推出了《最美情侣》《最美婚礼》《最后我们没在一起》等原创歌曲，吸引了大量用户的关注。如今白小白成了拥有超过3000万粉丝的大IP，如图6-22所示。

正是因为在快手平台上的巨大流量，再加上自己也有一定的演唱水准，白小白不仅被许多音乐人看中，推出了众多量身定制的单曲，更被许多综艺节目邀请。图6-23所示为其参加综艺节目《开门大吉》时，演唱原创歌曲《最美情侣》的相关画面。

图 6-22　白小白的快手主页

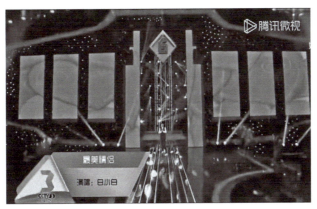

图 6-23　白小白参加综艺节目《开门大吉》的相关画面

6.5　分析：变现细节

在快手变现上，运营者还需要注意一些细节问题。

6.5.1　变现分析

快手运营者需要对变现的相关内容做好必要的分析。具体来说，需要做好以下3个方面。

(1)是什么

快手运营者需要明确自己能够变现的东西是什么。只有明确了变现的产品或服务，才能针对性地进行营销和推广，进而在增强营销效果的同时，让自己的快手变现之路走得更加通顺。

(2)为什么

快手账号在借助产品和服务变现时，需要思考用户为什么要购买你的产品和服务。是因为你的产品质量好，还是服务水平高，抑或是你的产品和服务具有稀缺性。不管如何，快手运营者需要站在用户的角度思考，什么样的产品和服务才是值得购买的。

(3)怎么样

要想实现变现，有一个问题一定绕不过，那就是怎样进行变现。快手变现的方法有很多，效果不尽相同，而快手运营者需要做的就是选择适合自己的方式。当然，快手运营者也不必把全部身心放在同一种变现方式上。因为在大多数情况下，同时使用多种变现方式也是不冲突的。

比如，同样是通过产品变现，快手运营者既可以通过视频购物车变现，也可以通过快手小店变现，还可以通过直播销售变现。

6.5.2 购买理由

随着各大电商平台的快速发展和快递网络的日益完善，网购成了许多人购物时的首选。虽然网购非常便利，但也容易出现一些问题，如产品在运输过程中被损坏、实物与营销图片有差距、发货速度太慢等。

因此，人们在选择网购时会变得更加理性一些，如果你的产品和服务，尤其是实物类产品没有一个具有吸引力的点，人们不会下单购买。而快手作为一个线上平台，变现行为也主要集中在线上。所以，快手运营者需要从产品和服务出发，给用户一个购买的理由。

当然，每种产品和服务给出的购买理由不尽相同，快手运营者需要做的就是根据产品的特性和用户的需求来给出购买理由。例如，对于比较在意产品价格的快手用户，理由可以是"一件也是批发价"；而对于新鲜度比较重要的生鲜类产品，购买理由则可以是"原产地发货"。

6.5.3 提高成效

复盘是变现过程中必须要做的一件事，因为在变现的过程中可能会出现各种问题，而复盘则可以发现问题，并据此寻找解决问题的方法，从而提高变现的成效。

许多快手运营者在做复盘时，可能会因为自己身在其中而找不到问题所在。此时，可以参考用户的意见。

例如，某位快手运营者在短视频中开特效展示自己身上的服饰，很多用户无法看到真实效果，于是纷纷在评论区说出了自己的想法，如图6-24所示。

图 6-24 快手用户的评论

其实，大部分快手用户的意见还是比较中肯的，也说到了该快手运营者直播卖货效果不佳的原因。如果根据用户的意见进行调整，让自己销售的产品更合用户心意，那么变现的成效自然会得到提高。

6.5.4 坚持到底

做什么事都不可能一蹴而就，快手变现也是如此。刚做快手运营时，很难获得比较理想的变现效果。这主要是因为此时粉丝数量比较少，发布的内容比较难获得用户的广泛关注。

如图6-25所示，某个视频发布几天之后，播放量仅为1000多，而点赞和评论仅为两位数；某位快手运营者在直播卖货时，看直播的只有18个人。在这种情况下，又怎么可能取得理想的变现效果呢？

图6-25　快手用户关注度较低的视频和直播

其实，刚做快手时，粉丝数比较少是很正常的。只要运营者的变现方向没有错，用于变现的产品和服务也是物有所值的，那么就会有越来越多的用户成为你的粉丝。因此，在这种情况下，只要坚持下来，变现之路就会逐渐变得通畅起来。不能因为短时间变现效果不佳，就直接选择放弃。

视频号篇

第 7 章

异军突起,视频号伏击抖音?

> 在思考怎么运营视频号之前,我们首先需要知道什么是视频号,以及与它有关的信息,了解了这些信息才能更好地进行运营和变现。

7.1 概念:何为视频号

在互联网时代,各个平台之间的战争本质上是对用户时间争夺的战争。因为获得的用户越多,占据的用户时间越长,平台获得的商业空间就越大。

在2019年"微信之夜"上,张小龙说:"一个人不管有多少好友,基本每个人每天在朋友圈里花的时长是30分钟左右,所以当朋友圈的半小时刷完之后,用户就会去找别的消遣,短视频是其中最多的选择。"抖音、快手等短视频平台的发展,已经证明短视频是一个极具发展潜力的行业,腾讯又怎么会放弃这一拥有巨大红利的领域呢? 2020年初在微信的发现页面出现了"视频号"的入口。

不得不说，5G时代的来临给了各个短视频平台更好的发展机会。现在，人们的生活越来越离不开短视频，可以这样说，刷短视频已经成为很多人打发时间的重要休闲娱乐方式。

7.1.1 视频号功能

接下来介绍视频号的功能和特点，帮助大家更深入地了解视频号，以便更好地运营。

（1）位置：发现页面朋友圈入口下方

腾讯在短视频方面一直都比较欠缺，之前推出的微视也被抖音压制。从视频号入口的位置可以看出腾讯对短视频的重视，这次腾讯想趁着5G时代的到来，借助微信的力量实现视频号在短视频领域的突围。

（2）内容：可以发布1分钟以内的视频或者9张以内的图片

运营者在视频号上发布的内容可以是直接拍摄的，也可以从相册里面选择。短视频最长不能超过1分钟，最短不能低于3秒。图7-1所示为笔者在视频号发布的短视频截图。

现阶段视频号里的图片显示有一定问题，只能左右滑动查看，发布的图片不能点击放大，也不能保存，二维码也不能长按识别。

（3）视频自动播放

用户在视频号刷到的短视频都是自动循环播放，不能全屏，也不能暂停，不会自动跳到下一个视频，这应该属于初代产品问题，后续腾讯会优化。

用户遇到喜欢的视频内容可以点赞和评论。点赞有两种方式，既可以双击视频，也可以点击视频下方的点赞标识。评论最多显示两条，其余评论会被折叠，需点进评论才能看到全部。

图7-1 视频号的短视频截图

（4）标题辅助表达

视频号的标题最多可以写140个字，但是不会全部显示，可以显示3行（约65个字），其余的会被折叠，如图7-2所示。我们可以看到，第一个视频的标题较短，用户能看见全部，而第二个视频的标题比较长，想要看全部内容，就需要点击"全文"。

图7-2　视频号标题

一般来说，不建议大家写很长的内容，这样不利于吸引用户点赞、评论和分享。

（5）可以添加公众号文章的超链接

运营者发布内容时，可以在视频的下方插入公众号文章的超链接。视频号是独立创建的，与微信公众号的粉丝不相通，插入超链接是目前唯一一个可以将两者打通的方法，这也有利于为公众号引流，如图7-3所示。

（6）可以添加位置

视频号添加位置和微博的定位差不多，可以定位到某某市等比较大的位置，也可以定位到某某公园等具体位置，如图7-4所示。视频号并非必须添加位置，这个看运营者的习惯。

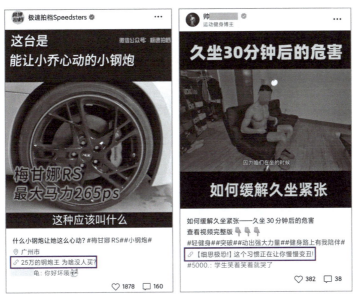

图 7-3　视频号下方插入公众号文章的超链接

图 7-4　视频号添加定位

（7）可以带话题

运营者在发视频或者图片的时候，可以带上与所发内容相关的话题，这样微信官方会推荐给更多喜欢看这类型内容的用户，吸引更多精准用户的关注，如图7-5所示。

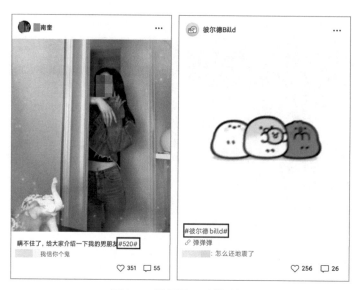

图 7-5　视频号可以带话题

（8）可以分享到朋友圈

用户在视频号看到感兴趣或者喜欢的内容，可以发送给微信好友或者收藏，还可以分享到朋友圈。如果不感兴趣也可以点击"不感兴趣"按钮，之后微信官方就不会再推荐这个账号发布的视频或这类内容给你了，如图 7-6 所示。

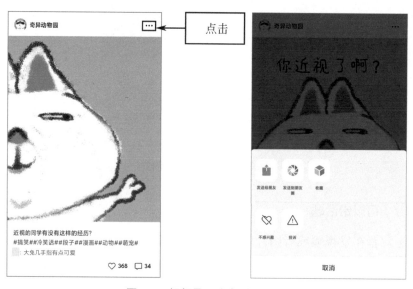

图 7-6　视频号可分享到朋友圈

（9）1年可改两次名字

不建议大家更改名字，因为改名字不利于其他用户搜索你的账号，也会损失一部分之前的粉丝。如果确有需要更改，视频号允许一年内更改两次。

7.1.2 账号运营

写作时，视频号仍然不够成熟，账号类型和内容形式还不多。笔者收集了几种目前出现比较多的账号类型和内容形式，希望可以给视频号的运营者理清一些思路。

（1）个人号：网红、个人IP

微信推出视频号是为了弥补短内容方面的缺失，降低创作的门槛，打造一个人人都可以创作的平台。虽然朋友圈也可以发视频动态，但是它有人数上的限制，最多不能超过5000人，而且朋友圈定位是熟人互动，属于私密社区，并不能充分满足个人自我表达和获取名利的欲望。

相对于抖音、快手而言，视频号互动性更强，所以高质量的原创内容在视频号将会有更强的传播力。在内容为王的时代，对于视频号的个人号而言，找准自身定位，创作优质的作品是获得关注、创造收益最直接的手段。图7-7所示为视频号的个人号截图。

（2）营销号：个体工商户、企业

营销号主要包括个体工商户、企业等注册并认证的视频号，它主要通过打造爆款内容来吸引粉丝流量，最终达到卖产品或服务的目的。企业在运营视频号前，要找准自己的目标客户群体，然后根据客户属性创作垂直领域的视频，并且持续输出高质量的内容，激发客户购买的欲望。

（3）官方号：品牌

官方号以品牌号为主，它为品牌输出口碑、扩大曝光度、提高产品转化率提供了平台。品牌在输出内容时，最好与当下的热点相结合，从而争取更多的流量，达到更好的宣传效果。图7-8所示为品牌视频号的官方号页面截图。

图 7-7 个人号

图 7-8 官方号

7.1.3 战略定位

微信作为即时通信工具，通信是它的核心，随着各种功能的推出和完善，微信已不仅是通信工具。例如，微信小程序、微信公众号等功能的推出，让人们看到了微信的无限可能性。

微信在"人""内容""服务"之间进行链接，如服务号、企业微信等功能的推出，使得这种"链接"布局发展越发清晰。微信的未来也将基于"链接"主题，即在现有链接的基础之上，去补充链接手段。

视频号虽然现在只支持添加公众号文章链接，但是运营者可以在公众号文章中添加小程序，然后将该篇公众号文章以超链接形式添加到视频号中，如图 7-9 所示。

目前来说，这种方法虽然比较烦琐，但是是可用的，算是不得已的折中手段。不过根据之前微信小程序的发展历程及微信的链接主题来看，实现微信更多维度的数据打通和账号链接指日可待，因而微信小程序、公众号和视频号三者之间的关联也会越来越大。

视频号的战略定位其实是补全微信的内容生态，主要为微信补全了短内容平台、中距离广告能力、用户被动获取等，让微信的生态内容更完整。

图 7-9　将视频号和小程序关联起来

① 短内容：微信公众号更适合长篇幅、有深度和专业的内容，不适合短内容的发布，也不适合短内容创作者发展。

② 中距离广告能力：朋友圈的传播能力有限，不能突破5000个微信联系人的限制。

③ 用户被动获取：这主要是受到微信公众号核心机制的限制，需要关注公众号才能获取内容，再加上用户很少自己主动去搜索公众号，所以视频号出现之前，微信公众平台的用户被动获取能力严重缺失。

7.1.4　平台：横向对比

视频号可以发图片和短视频，但是一般以短视频为主，这一点与抖音、快手比较相似，但是视频号与抖音、快手又有差别。

抖音与快手类似，笔者以抖音为例，从内容呈现方式、视频编辑功能、内容发布方向、内容推荐逻辑这4个方面对视频号与抖音的差别进行解读。

（1）内容呈现方式

首先讨论内容呈现方式上的差别。如图7-10所示，视频号的内容呈现方式为信息流呈现，社交性更重一些，而且可以发布横屏视频或竖屏视频，官方并没有更支持发哪一种视频。

图7-11所示为抖音的页面，其内容呈现方式为单屏呈现，内容沉浸性更强，更能增强用户刷视频时的体验感。抖音官方鼓励用户发竖屏视频。

图7-10 视频号页面

图7-11 抖音页面

（2）视频编辑功能

视频号作为刚刚起步的短内容平台，各种功能都还不完善，用户体验这一点和抖音有比较大的差距。尤其是视频号的视频编辑功能与微信朋友圈的视频编辑功能相同，就是简单的添加表情包、添加文字、添加音乐和剪切功能。图7-12所示为视频号视频编辑界面截图，运营者想要创作优质的内容还需要借助其他的剪辑软件。

抖音的视频编辑功能相对于微信视频号来说就比较强大，可以添加滤镜、字幕、文字、小道具等，而且背景音乐库非常丰富，如图7-13所示。抖音还推出了拍同款功能，帮助视频剪辑小白快速产出优质视频。不过，视频号还是内测产品，后期微信团队应该会推出更多的剪辑功能。

（3）内容发布方向

就内容方向来说，目前视频号上发布较多的是生活类视频、新闻类视频、知识类视频。而抖音上则是以娱乐搞笑为主的视频类型，剧情类视频也较多。

当然，视频号刚开始发展，当用户大量涌入，不排除内容类型倒向娱乐和剧情类的可能。

图 7-12　视频号视频编辑界面截图　　图 7-13　抖音视频编辑界面截图

（4）内容推荐逻辑

两者的推荐机制基本上都是社交关系+算法。不过视频号推荐比较偏社交关系，而抖音是算法推荐占主导地位。视频号的社交性更强，你发的视频大多时候会推荐给你的微信好友，你可以看到好友的点赞，好友的其他好友也可能看到你的视频。

一般情况下，视频号平台会先给用户推荐其关注的账号发布的内容。所以视频号更依赖社交关系，这样吸引过来的粉丝忠诚度更高。而对抖音来说，即便是你的粉丝，抖音平台也不一定会将你发布的最新内容推荐给他。

7.2　分析：视频号优势

视频号虽刚刚起步，各方面还很难跟抖音、快手等成熟的短视频平台抗衡，但是视频号有抖音、快手等短视频平台没有的优势。

7.2.1 流量巨大

以抖音为例，抖音是字节跳动推出的一款产品，属今日头条的旗下。今日头条本身就拥有很大的流量，字节跳动采取高频打低频的策略，借助今日头条的巨大流量带动抖音流量的快速增长。

虽然今日头条的流量很大，但是和微信比起来还是有不小的差距。据统计，微信的日活跃用户达10亿，用高频打低频的策略同样适用于微信视频号，然后再借助微信的社交关系，利用得好就会给视频号吸引巨大的流量。

大家还记得微信是如何崛起的吗？最开始流行的是QQ，后来才有的微信，但是微信逐渐取代QQ成了我们最常用的社交软件。当年，腾讯就是利用QQ的社交关系网，将流量引流至微信的。

抖音很难利用微信的社交关系，抖音用户没有办法直接吸引微信用户关注自己的抖音号，就算是将自己的抖音视频分享到朋友圈，其引流的效果也并不好。因为微信和抖音是两个不同的App，微信好友看过你的分享之后想要关注你，还需要再重新打开抖音再关注，这样会损失一部分流量。

而视频号属于微信推出的产品，不需要两个App之间来回折腾，其引流效果会更好，更有利于视频号的推广。

7.2.2 降维渗透

一般来说，一个新产品的推广都是基于某一个圈层，然后再向其他圈层渗透。比如，快手是从四五线城市向上探，也就是说先在四五线城市推广开来，最后渗透到一线城市，抖音则相反，它是从一线城市下探。

而视频号则是从一线城市到四五线城市同步发展，也就是说视频号是无差别降维渗透，这样更利于大量的引流和未来的发展。

7.2.3 私有域流量

笔者前面所说的两点是针对视频号来说的，而建立社交闭环和私域流量更多的是对视频号运营者有利，当然也有利于视频号平台的发展。

在抖音有很多的运营者会将自己的微信号写在账号主页的简介处，为了建立自己的私域流量池，将抖音用户导流到微信中去，建立更亲密的社交关系，便于后面变现。

视频号的战略定位就是补全微信的内容生态，其与微信的联系更加快速和精确，导流效果也会更好。你可以通过微信好友、社群、朋友圈、公众号推广自己的视频号，也可以将视频号用户转化为微信好友，建立微信＋社群＋公众号＋视频号的社交闭环和私域流量生态。

7.3 辅助：玩转视频号

视频号想要商业化，首先需要发布优质内容，还要配上比较好的文案和标题。下面还整理了一些辅助方法，让你的视频号获得更多的关注和喜爱。

7.3.1 制作封面

了解公众号的用户应该知道，公众号文章封面的展示方式大多是标题＋图片，如图7-14所示，很少有单纯是一张图片的。而且，图片可以是文章中的，也可以是没有在文章中出现过的，图片追求的是既吸引用户目光，又贴合文章内容，因为封面的好坏几乎决定了用户是否点击观看。其实除了公众号文章，其他图文消息的封面展示基本也都是标题＋图片。

短视频的封面展示方式与图文消息不同，一般来说，短视频创作者会将重要信息或者吸引人的信息用醒目的文字添加到封面。图7-15所示为视频号用户发布视频的封面截图。这样做有两点好处。

一方面，视频号运营者可以通过封面迅速吸引用户的注意，用户也可以第一时间判断出自己是要跳过这个短视频还是继续观看，无需多浪费时间。

图 7-14 公众号发布文章的封面截图

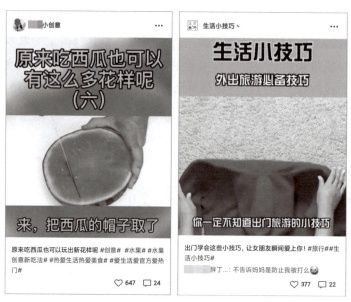

图 7-15　视频号用户发布视频的封面截图

另一方面，封面的文字比较醒目，便于运营者自己和用户后续的查找和观看，节省了时间。

这一点对于视频号运营者来说非常重要，虽然视频号目前发布内容的封面无法自己选择，一般在视频号上发布图片是以第一张图为封面，短视频则是以第一帧内容为封面。但是，我们在进行视频剪辑的时候可以将第一帧画面制作得更吸引人一些。

7.3.2　推出时机

就短视频而言，视频号发布的时间长度必须是1分钟以内，有时候1分钟并不足以讲明白一个故事。对于视频号运营者来说，每期短视频都出一个新的创意或新的故事，人力成本和时间成本太高。

用户应该有在其他短视频平台看到类似以"连续剧"形式更新的短视频，我们称之为"连续剧式策划"，很多视频号运营者就是靠这个方法增加粉丝黏性的。

该运营者将自己的短视频内容分为上下两集，在上集制造悬念引起用户的兴趣，喜欢内容的用户还会在评论处催更新，下集揭开谜底。这种类似"连续剧"的内容，容易引起视频号用户的持续关注，同时也能带动下集视频的观看量，短视频的完播率会比较高。比如，"陈翔六点半"创作的视频一般都超过1分钟，所以他分集发布，如图7-16所示。

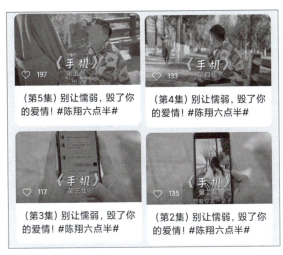

图7-16 "陈翔六点半"发布分集视频内容

7.3.3 平台优势

现在很多网红都借助抖音平台火了起来。比如，现在已经进军娱乐圈的费启鸣，他就是因为在抖音上发布了一条《心愿便利贴》的手指舞视频而火起来的。图7-17所示为费启鸣抖音号主页。

图7-17 费启鸣抖音号主页

他发布这条视频的时候,《心愿便利贴》正是当时抖音平台最火的背景音乐,手指舞正是爆红的时期,再加上他自己的减肥励志故事,使他获得了不少关注,变成了一个网络红人。

　　所以,很多抖音运营者专门挑近期比较火爆的音乐跟拍,这种借助平台已有流量的背景音乐,用户比较爱看,视频也更容易火。

　　对于视频号的运营者来说,虽然大家都处于摸索阶段,但是内容的编辑和运营"万变不离其宗",将微信生态内的经验和其他短视频平台的运作经验结合起来,掌握视频号运营要点,第一波红利近在眼前。

第8章

引流优化，吸引更多用户关注

对于视频号运营者来说，用户是最重要的因素，如果一个视频号拥有成千上万的专属用户，它的变现能力也会大大提升。

因此，视频号运营者需要打造自己的专属私域流量池，挖掘粉丝的价值，提高变现的能力。

8.1 了解：运营准备

不管做什么事情，我们首先需要了解它，做好准备再进行下一步。所以，笔者先给大家介绍私域流量，在了解了私域流量的相关知识后，我们再将其与视频号联系起来。

8.1.1 流量特点

私域流量是相对于公域流量的一种说法，其中"私"是个人的、私人的、自己的意思，与公域流量的公开性相反；"域"是指范围，这个区域到底有多大；"流量"则是指具体的数量，如人流数、车流数或者用户访问量等。接下来解读公域流量和私域流量。

（1）公域流量

公域流量的渠道非常多，包括各种门户网站、超级App和新媒体平台。图8-1列举了一些公域流量的代表平台和流量规模。

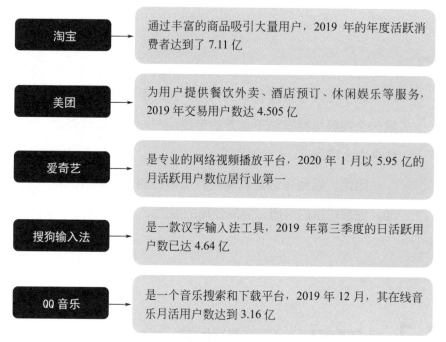

图 8-1 公域流量的具体代表平台和流量规模

从上面的数据可以看到，这些平台都拥有亿级流量，并且通过流量来销售产品。它们的流量有一个共同特点——都属于平台，都是公域流量。商家或者个人在入驻平台后，可以通过各种免费或者付费方式提升自己的排名，推广自己的产品，从而在平台上获得用户和成交。

例如，歌手可以在QQ音乐App上入驻"Q音音乐人"或者注册成为"电台主播"，然后发布自己的歌曲或者有声节目，吸引用户收听，用户需要通过付费充值会员来下载歌曲，歌手则因此获得收益。

我们想要在公域流量平台获得流量，就必须要熟悉这些平台的运营规则和具体特点，如图8-2所示。

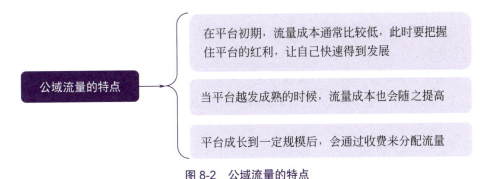

图 8-2　公域流量的特点

因此，不管你做什么生意，都需要多关注这些公域流量平台的动态，对于那些有潜力的新平台，一定要及时入驻，并采取合适的运营方法来收获红利。若你在平台的成熟期进入，你就要比别人付出更多努力和更高的流量成本。

对于企业来说，这些公域流量平台最终都是需要付费的，企业赚到的所有钱都需要给他们分一笔。

而对于那些有过成交记录的老客来说，这笔费用显得非常不值。当然，平台对于用户数据保护得非常好，因为这是它们的核心资产，企业想要直接获得流量资源非常难。这也是大家都在积极将公域流量转化为私域流量的原因。

（2）私域流量

私域流量目前还并没有统一的定义，但有一些共同的特点，如图8-3所示。

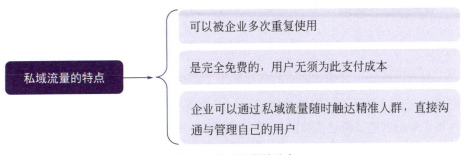

图 8-3　私域流量的特点

例如，对于微博来说，上到热门头条后被所有用户看到，这就是公域流量；而通过自己的动态页面，让粉丝看到微博内容，这就是私域流量。据悉，微博2019年12月的月活跃用户数达到5.16亿，平均日活跃用户数达到2.22亿。企业和自媒体人可以通过微博来积累和经营自己的粉丝流量，摆脱平台的推荐和流量分配机制，从而更好地经营自己的资产，实现个人价值和商业价值。

对于公域流量来说，私域流量是一种弥补其缺陷的重要方式，很多平台还处于红利期，可以帮助企业和自媒体人补足短板。

8.1.2 流量瓶颈

如今，不管是做淘宝电商，还是自媒体"网红"，更不用说大量的传统企业，随着时间的推移，会越来越感觉到流量红利殆尽，面对用户增长疲软的困境。大部分人都面临流量瓶颈下的难题，如图8-4所示。

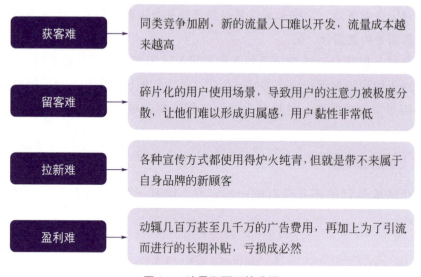

图 8-4　流量瓶颈下的难题

很多用户对于各种营销套路已经产生了"免疫力"，甚至因为厌恶这些营销行为而直接屏蔽你。在这种情况下，流量成本可想而知，很多自媒体创业者和企业都遭遇了流量瓶颈。

如何突破这些流量瓶颈带来的难题？答案就是做私域流量，我们可以打造自己的专属私域流量池，把自己的核心用户圈起来，让彼此的关系更加持久。

8.1.3 商业价值

打造私域流量池，就等于有了"个人财产"，这样的流量具有更强的转化优势，同时也有更多的变现可能。下面介绍私域流量模式的商业价值，探讨这种流量模式对于大家究竟有哪些好处。

（1）让营销成本直线降低

以往各商家在公域流量平台做了很多付费推广，但并没有与这些用户产生实际关系。例如，拼多多商家想要参与各种营销活动来获取流量，就需要缴纳各种保证金。

但是，即使商家通过付费推广来获得流量，也不能直接和用户形成强关系，用户在各种平台推广场景下购买完产品后，又会再次回归平台，这些流量始终掌握在平台手中。

其实，这些付费推广获得的用户都是非常精准的流量。商家可以通过用户购买后留下的个人信息，如地址和电话号码等，再次与用户接触，甚至可以通过微信主动添加他们，或者将他们引导到自己的社群中，然后再通过一些老客维护活动来增加他们的复购率。

这些老客的社群就成了商家自己的私域流量池，商家可以通过朋友圈来增加彼此的信任感，有了信任就会有更多的成交。这样，以后不管是推广新品，还是做清仓活动，这些社群就成了免费的流量渠道，不必再花钱做付费推广了。

因此，只要我们的私域流量池足够大，是完全可以摆脱对平台公域流量的依赖的，这也让我们的营销推广成本大幅降低。

除了电商行业外，对于实体店来说道理也是相同的，商家可以通过微信扫码领优惠券等方式，添加顾客的微信。这样，商家可以在以后做活动或者上新时，通过微信或者社群主动联系顾客，或者发朋友圈展示产品，增加产品的曝光量，获得更多的免费流量。

例如，海尔作为传统企业，在交互性强、互联网大爆炸的时代，进行了一次史无前例的组织变革，目标是将僵化的组织转为社交性强的网络化组织。海尔在组织进行网络化的同时，建立起一个社群型组织。

海尔的社群运营核心是"情感",但是对于企业来说,"情感"是一个与用户进行价值对接的界面,并不能与社群用户产生非常高黏度的衔接,毕竟"情感"往往是脆弱的,容易被击破。

然而,海尔看清了这一点,开始与粉丝互动,让粉丝不再只是粉丝,而是参与者、生产者,真正成为与品牌有连接的、与品牌融合的一部分。其中,"柚萌"就是由海尔U+发起,以实现更美好的智慧家居生活体验为宗旨的社群。图8-5为"柚萌"的页面截图。

图 8-5　海尔 U+"柚萌"页面截图

对个人而言,可以通过社群轻松与企业交流,通过有效的推荐机制,能迅速找到好的产品及众多实用资讯。

对企业而言,私域流量下的社群可以节省大量的推广费用,好的产品会引发社群用户的自发分享行为,形成裂变传播效应。同时,企业可以通过运营私域流量,与用户深入接触,更加了解用户的需求,打造更懂用户的产品。

(2)让投资回报率大幅提升

公域流量有点像大海捞针,大部分流量其实是非常不精准的,因此整体的转化率非常低。而这种情况在私域流量平台是可以很好地规避掉的,私域流量通常都是关注你的潜在用户,不仅获客成本非常低,而且这些平台的转化率极高。

结果显而易见,既然用户走到自己的店铺中,他必然比大街上的人有更大的消费意愿,因此,商家更容易与他们达成交易,私域流量的投资回报率自然也会更高。

只要你的产品足够优质,服务足够到位,这些老客户还会自愿成为你的推销员，他们乐于去分享好的东西，以证明自己独到的眼光。这样，商家就可以通过私域流量来扩大用户规模，提升价值空间。

（3）避免已有的老客户流失

除了拉新，私域流量还能够有效避免已有老客户的流失，让老客户的黏性翻倍，快速提升老客复购率。在私域流量时代，我们不能仅仅依靠产品买卖来与用户产生交集，如果只做到了这一步，那么用户一旦发现品质更好的、价格更低的产品，会毫不留情地抛弃你的产品。

因此，在产品之外，我们要与用户产生感情的羁绊，打造出强信任关系。要知道人都是感性的，光有硬件的支持是难以打动用户的，再者，用户更注重精神层面的体验。

我们要想打响自身品牌，推销产品，就应该在运营私域流量时融入真情实感，用情感来感化用户，重视情感因素在营销中的地位。最重要的是，了解用户的情感需求，引起其共鸣，并使得用户不断加深对企业或产品的喜爱之情。

在体验中融入真实情感是企业打造完美的消费体验的不二之选，无论是从消费者的角度，还是从企业的角度，都应该认识到情感对产品的重要性。为了树立产品口碑，向更多老顾客推销新产品，用情感打动人心虽然不易，但只要用心去经营，得到的效果是深远而持久的。

也就是说，私域流量绝不是一次性的成交行为，用户在买完产品后，还会给我们的产品点赞，也可以参加一些后期的活动，来加深彼此的关系。这种情况下，即使对手有更好的价格，用户也不会轻易抛弃你，因为你和他之间是有感情关系的。甚至用户还会主动给你提一些有用的建议，来击败竞争对手。

（4）对塑造品牌价值有帮助

塑造品牌是指企业通过传递品牌价值来得到用户的认可和肯定，以达到维持稳定销量、获得良好口碑的目的。通常来说，塑造品牌价值需要企业倾注很大的心血，因为打响品牌不是一件容易的事情，市场上生产产品的企业和商家千千万万，能被用户记住和青睐的却只有那么几家。

品牌具有忠诚度的属性，可以让用户产生更多信任感。通过打造私域流量池，可以让品牌与用户获得更多接触和交流的机会，同时为品牌旗下的各种产品打造一个深入人心的形象，让用户愿意购买，成功打造爆品。

(5) 激励客户重复购买

私域流量是属于我们个人的，和平台的关系不大。这就是为什么很多直播平台要去花大价钱来签"网红"主播，因为这些"网红"主播自带流量，直播平台可以通过与他们签约来吸收自身的私域流量。

例如，知名电竞选手、前WE队长"Misaya若风"，被称为"中路杀神"，微博粉丝突破千万，在微博上的互动率非常惊人。同时，"Misaya若风"还是企鹅电竞直播的签约主播，在该平台上的订阅用户数也接近100万，这其中的流量具有高度的重叠性。

对于这些"网红"来说，私域流量是可以跨平台和不断重复利用的，这一好处自然也会延伸到其他领域，这些粉丝的忠诚度非常高，可以形成顾客终身价值。

8.2 必学：专属流量池

前一节简单地介绍了私域流量的相关知识点，并没有将视频号与私域流量单独联系起来，所以从这一节开始笔者将私域流量与视频号联系起来讲解，介绍如何将微信视频号用户引流到自己的专属私域流量池，即引流到微信。

8.2.1 添加微信

微信的未来发展将基于"链接"主题，在现有链接的基础之上，去补充链接手段。目前，在视频号中能添加的链接只有公众号文章链接，视频号运营者可以很好地利用公众号，将视频号用户转化为私域流量。

图8-6为视频号"名雕木艺"发布的视频截图。该视频号运营者将自己的微信二维码添加在公众号文章的末尾，并且加上一段文字说明，引导用户加微信好友，然后以超链接的形式将该篇文章添加在视频号内容的下方。

微信视频号用户在看到视频之后点击下方的超链接，进入公众号文章，有兴趣的用户就会扫码加好友，或者有社群的运营者，也可以放微信群二维码，引导用户扫码入群。

图 8-6 视频号"名雕木艺"发布的视频截图

8.2.2 评论联系

微信视频号的评论区也可以好好利用起来。视频号用户在对自己感兴趣的内容进行评论时,显示的是自己的微信号而不是视频号。视频号用户在对视频内容进行评论时显示的是自己头像,回复评论时显示的也是微信号,如图 8-7 所示。

图 8-7 进行评论时所显示的头像

所以，视频号运营者可以将自己的联系方式写在微信名中，然后在回复评论的时候加以引导，这样看过内容之后，有想法的用户自然就会留下你的联系方式或者添加好友。

8.2.3　用户转化

视频号运营者如果想要通过发布的内容吸引用户，从而转化成为私域流量，可以在视频号的标题、文案、视频内容处展示微信号。

（1）标题

视频号运营者可以将自己的微信号添加在视频号内容的标题处，用户在看完视频之后，若觉得有意思，传达了有价值或者对他有用的信息，就有可能会添加微信，如图8-8所示。

图8-8　在视频号下方添加微信号

（2）文案

有一部分视频号运营者会选择将自己的微信号或者其他联系方式，以文案的形式添加到视频中，也可以将流量转化为私域流量。如果用这种方法，最好是将微信号添加在视频末尾，虽然这样会减少一部分流量，但是不会因为影响内容的观感而导致用户反感。

（3）视频内容

比较适合真人出镜的短视频，可以通过视频主角的口述来介绍微信号，吸引用户加好友。这种方法的信任度比较高，说服力比较强，转化效果自然比较好。

8.2.4　账号信息

目前来说，在视频号账号主页的信息设置中添加微信号是比较危险的，可能会有违规的风险。

不过，笔者注意到有很多视频号用户在信息设置中加入自己的微信号或者联系方式。但是暂时并不建议大家这样做，至于以后视频号平台的规定会不会改，也要看未来的发展情况。

（1）视频号昵称

运营者在给视频号起名的时候，将自己的微信号添加在后面，如图8-9所示。这样用户在刷到你的视频号时就能立刻知道你的联系方式，如果你发布内容符合他的兴趣或者对他有益，那他自然会添加好友。

（2）简介

一般来说，运营者会在简介中对自己以及所运营的视频号进行简单的介绍，可以在简介中写入微信号或其他联系方式，吸引用户添加好友，如图8-10所示。

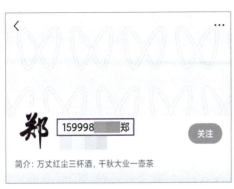

图 8-9　视频号昵称处添加联系方式

图 8-10　在视频号简介处添加联系方式

除了上面说的在昵称和简介处写上联系方式外，运营者还可以在视频号封面的图片中加入自己的联系方式，也就是先将自己的联系方式写到图片中，然后更换封面。

8.3 深度：沉淀流量

微信不仅能够帮助"视频号"引流增粉，还可以帮助运营者更好地维护平台的粉丝，通过对粉丝进行管理维护，可以提高其黏性、实现裂变以及引导转化，让流量持续变现。

8.3.1 提高积极性

视频号运营者可以在微信中开发一些营销功能，如签到、抽奖、学习或者在线小游戏等，提高粉丝参与的积极性。也可以在一些特殊的节假日期间，在微信上开发一些H5活动，来提升粉丝的活跃度以及快速吸引新的粉丝进入私域流量池。

在制作H5活动时，"强制关注+抽奖"这两个功能经常会组合使用，同时可以把H5活动二维码插入到微信文章中，或者将活动链接放入"原文链接"、公众号菜单中以及设置关注回复等，让用户关注后就能马上参与活动。

制作好关注抽奖H5活动后，还需要使用一定的运营技巧，才能让粉丝实现有效增长。

① 内部推广：将活动链接发布到公众号的"阅读原文"或底部菜单，加强原公众号粉丝的参与热情度。

② 外部推广：将活动链接发布到朋友圈和其他新媒体渠道中，利用奖品来吸引新粉丝关注公众号。

③ 活动后续：当活动结束后，可以在H5后台收集参与粉丝的联系方式，及时为他们进行兑奖。

8.3.2 提高黏性

不管是电商、微商，还是实体门店，都将微信和朋友圈作为自己的主要营销平台，可见其有效性。微信视频号的运营者完全可以借鉴这些有效的方法和平台，在微信公众号或者个人微信朋友圈中发送营销内容，培养粉丝的忠诚度，激发他们的消费欲望，同时还可以通过一对一的微信私聊解决问题，提高粉丝的黏性。

在运营粉丝的过程中，微信内容的安排在平台建立之初就应该有一个大致的定位，也就是需要运营者做好内容规划，这是保证粉丝运营顺利进行的有效方法。

例如，微信公众号"手机摄影构图大全"就对内容进行了前期规划，并在功能介绍中进行了清楚的呈现，发送的图文内容始终围绕这一定位，如图8-11所示。

图 8-11 "手机摄影构图大全"公众号内容

视频号运营者可以借鉴这一方法，给账号做好定位，并发布垂直领域的内容，这样引流到私域流量池的粉丝更精准，更利于管理和维护，也更有利于后续变现。

8.3.3 账号矩阵

大部分视频号运营者都会同时运营多个视频号来打造账号矩阵,但随着粉丝数量的不断增加,管理这些微信号和粉丝就成了一个很大的难题,此时可以利用一些其他工具来帮忙。

例如,聚客通是一个社交用户管理平台,可以帮助运营者盘活微信粉丝,引爆单品,快速提升DSR(Detailed seller ratings)动态评分,具有多元化的裂变和拉新玩法,助力运营者实现精细化的粉丝管理;还可以帮助视频号运营者基于社交平台,以智能化的方式获得以及维护新老客户,让粉丝运营效果事半功倍。

8.4 产品:灵活变现

私域流量要想实现变现,最终还是需要产品来承接,因此这种流量模式非常适合品牌商家。如在线课程、食品水果、日用百货、数码家电、母婴玩具、服装鞋包、餐饮外卖、生活服务以及文化旅游等,这些行业都比较适合私域流量模式。适合私域流量模式的产品或服务有如下特点。

8.4.1 留住客户

前面介绍过,私域流量有一个显著特点是"一次获取,反复利用"。因此,视频号商家可以选择一些复购次数多的产品,吸引用户长期购买,提升老客户黏性。产品类型如图8-12所示。

图8-12 高频次、复购率高的产品类型示例

在私域流量模式下，商家的大部分利润都来自老客户，所以视频号商家要不断提升产品竞争力、品牌竞争力、服务竞争力和营销竞争力，促进客户的二次购买，甚至实现长期合作。要做到这一点，关键就在于货源的选择，要尽可能选择能够让粉丝产生依赖的货源。

8.4.2 收获知名度

知识付费产品，其实质在于通过售卖相关的知识产品或知识服务，来让知识产生商业价值，变成"真金白银"。在互联网时代，我们可以非常方便地将自己掌握的知识转化为图文、音频、视频等产品/服务形式，通过互联网来传播并售卖给受众，从而实现盈利。随着移动互联网和移动支付技术的发展，知识变现这种商业模式也越来越普及，帮助知识生产者获得不错的收益和知名度。

随着人们消费水平的提高，其消费观念和消费方式产生了质的改变，尤其是随着各种新媒体渠道的出现和自媒体领域的兴起，让人们产生了新的阅读习惯和消费习惯，并逐渐养成了付费阅读的良好习惯。

在私域流量浪潮下，很多有影响力的"大V"也通过公众号和社群等渠道，来售卖自己的知识付费产品，可以快速实现变现，从粉丝身上获取收入。

例如，Spenser公众号创始人陈立飞，其代表作品包括《个体崛起》《优秀的人，都敢对自己下狠手》等，微信公众号拥有167万粉丝。从简介中我们可以看到他将自己的标签定位为"职场""金融"。图8-13为公众号"Spenser"的页面截图。

在该公众号发布的文章中，"没事别想不开去创业公司"这篇文章引发大规模传播和讨论，获得了200万+的阅读量。2017年

图 8-13 公众号"Spenser"页面截图

2月，Spenser发布的《15天写作技能升级》在线课程，两天内收到4000＋的用户付费，营收超过200万元，并掀起了一阵互联网写作热潮，同时让Spenser一跃成为日入百万元的公众号写手。

在很多人都抱怨公众号已达到饱和状态，自己没来得及抓住红利时，Spenser却通过公众号不断提升品牌势能。同时，Spenser拥有多元化的变现方式和付费渠道，不仅利用视频课程实现内容付费，更善于通过新颖的直播等内容形式实现知识付费。

通过上面的案例，可以明白一个道理，其实对于粉丝来说，Spenser的课程不仅是一个简单的写作课，也是一个具有极强个人色彩和品牌的课程。他们的购买，本质上是对Spenser这个品牌的信任与认可，而这个品牌是建立在Spenser优质的知识产品基础上的。

对于视频号运营者来说，无论是企业，还是个人，都应该建立粉丝对你个人或者对品牌的信任和认可。建立属于自己的私域流量池之后，加强与粉丝的互动，提高粉丝的忠诚度。

8.4.3 话题产品

如果一个产品登上了头条，它的火热程度不言而喻。为了吸引众多的用户流量，引爆产品，制造话题、占据头条不失为一个绝佳的方法。因此，有话题的产品非常适合做私域流量。

话题感的产品本身就具备强大的社交属性，极容易在社群中引发强烈反响。大型的线下企业可以提炼品牌特色，找到用户的"兴趣点"，然后发布相关话题，这样可以吸引大量感兴趣的用户参与，同时让线下店铺得到大量曝光，精准流量带来的高转化也会为企业带来高收益。

8.4.4 线下引流

线下实体店可以推出一款不以营利为目的的引流产品，先把用户吸引过来，然后视频号商家可以添加他们的微信来实现流量转化，或者引导他们消费其他产品，来直接盈利。例如，在很多餐厅门口的海报上，经常可以看到有一款特价菜，其实就是采用这种推广方式。

例如，随着社群时代的来临，海底捞看中了微信的市场，于是通过微信社群来转化私域流量，吸引用户到店消费。在做微信社群营销之后，海底捞更是把极致服务从线下提升到了公众号线上平台，如图8-14所示。

用户可以通过微信公众号实现预订座位，选择送餐上门，甚至可以去商城选购底料。例如，用户想要点外卖，只需要输入自己的送货信息，就可以坐等美食。

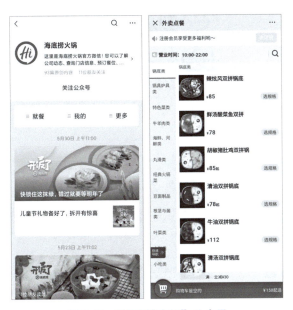

图 8-14 "海底捞火锅"公众号

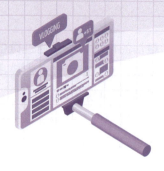

第 9 章

变现转化,深度挖掘粉丝价值

大部分运营者运营视频号是为了变现,那么,视频号该如何进行变现呢?这一章就来聊聊视频号变现的各种方式。

9.1 销售:产品变现

视频号最直观、有效的盈利方式当属销售商品或服务变现了。借助平台销售产品或服务,只要有销量,就有收入。用产品或服务变现主要有7种形式。

9.1.1 自产自卖

视频号是一个人人可以创作、分享美好生活的平台,随着短视频变现的成熟，以及抖音、快手等短视频平台变现模式的成功，视频号在变现方面也被寄予厚望，其商业价值一直被外界看好。

对于拥有淘宝、京东等平台店铺的视频号运营者来说，通过自营店铺直接卖货无疑是一种十分便利、有效的变现方式。可以通过短视频介绍自己的店铺，展示自己的产品，引起用户的兴趣。

一般来说，有公众号的运营者可以在视频号下方插入介绍产品并附有购买链接的公众号文章，如图9-1所示。用户通过链接就可以找到该篇公众号文章，里面一般会有产品详细的介绍和购买链接、购买方式，点击链接就可以购买了。如果怕用户不懂操作，也可以在评论处补充说明。

图 9-1　插入公众号链接

图9-2为视频号运营者在公众号中加入了自己运营商城的小程序的截图。用户进入公众号之后，点击小程序进入商城，就可以挑选自己满意的海鲜产品，这样可以为店铺吸引很多客源。

对于没有自己公众号的运营者，可以直接在评论处告知用户购买方式。商品销售出去之后，便可以直接获得收益。有的运营者会在自己的视频号账号的简介或者名称处留下联系方式，但这样做，被封号的可能性比较大。

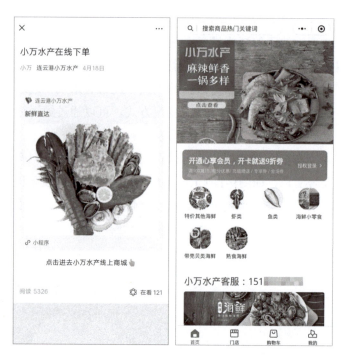

图 9-2　点击小程序购买商品

9.1.2　带货卖货

带货卖货这种变现方式是比较常见的，我们比较熟知的就有李佳琦、薇娅等网红"大 V"，他们通过直播带货赚取收益。

虽说视频号现在没有直播功能，但还是可以带货卖货。将自己带货卖货的短视频剪辑处理好，发布在视频号上，若用户在观看时对产品产生了兴趣，很可能就购买了。

当视频号有了一定的粉丝基础后，就会有品牌方找你为他们的品牌带货，给你广告费，这是一种比较理想的变现方式。

运营者可以根据自己的账号定位来选择带货的产品，一般符合定位的产品售卖效果会更好，效果好才能得到其他同类型客户的青睐，从而有更多的广告主愿意在你的视频号投放广告。

例如，视频号"好物君"就得到了某些淘宝店铺青睐，"好物君"的很多视频都添加了淘宝链接，帮淘宝商家推广商品，同时获得相关的广告费。图9-3为视频号"好物君"带货短视频的截图。

图 9-3 "好物君"带货短视频截图

9.1.3 售卖课程

对于部分自媒体和培训机构来说，可能无法为消费者提供实质类的商品。那么，是不是对于他们来说，视频号平台的主要价值就是单纯地积累粉丝，进行自我宣传呢？

很显然，视频号平台的价值远不止如此，只要自媒体和培训机构拥有足够的干货内容，同样能够获取收益。比如，可以在视频号平台中通过开设课程招收学员的方式，借助课程费用赚取收益。

运营者可以在视频号中尝试发布小段课程内容。

① 在视频号上发布的短视频时长不能超过1分钟，运营者可以适当选取教程中某个精彩片段。

② 可以利用小段的课程激发用户的兴趣，然后同样以超链接的方式，将附有课程购买方式的公众号文章添加在视频号内容的下方，如图9-4所示。

当对课程有兴趣的用户点击超链接进入公众号文章之后，就可以找到该课程的购买链接，点击链接，就会跳转到购买该课程的界面，用户就可以购买课程，如图9-5所示。

图 9-4 添加有课程购买方式的文章超链接

图 9-5 进入购买课程界面

还有一些运营者选择直接在视频号中发布购买课程的海报,用户可以扫描海报中的二维码,跳转到购买课程的页面下单购买。图 9-6 为视频号"友浩达科技"发布的课程界面。用户成功购买课程之后,视频号运营者就会有收入,这便是售卖课程的变现方式。

图 9-6 "友浩达科技"发布的课程界面

9.1.4 分销获利

随着新媒体领域的发展，分销变现的方式成为新媒体运营者的新宠，因为并不是每一位新媒体运营者都有自己的店铺或产品。对于新媒体运营者，尤其是没有店铺或产品的运营者来说，分销就是很好的、很稳定的变现方式。

而这种变现方式同样适用于视频号变现，也就是说，视频号运营者可以通过帮他人卖货来赚取佣金。

现在可以进行分销的平台有很多，比如淘宝联盟、微盟、有赞商城等。在这里以淘宝联盟为例，讲解分销的一些基本情况。在淘宝联盟选取产品并发布的具体操作如下。

步骤01 用户下载并注册淘宝联盟，然后去"发现"页面搜索自己想要推广的产品，也可以看看在"发现"页面有什么最近比较火的产品，选择符合自己视频号定位的产品。

步骤02 产品选择完成之后，点击"赚"按钮，如图9-7所示。执行操作后，弹出"创建分享"页面，用户点击"分享图片"按钮，如图9-8所示。

图9-7 点击"赚"按钮

图9-8 点击"分享图片"按钮

步骤03 执行操作之后，点击"保存图片"（图片需运营者一张一张地保存）。注意，保存图片的时候，产品的推广文案就会直接复制，不需要单独复制文案。

步骤04 随后进入视频号界面，点击"拍摄"按钮，如图9-9所示。弹出新界面,点击该界面的"从相册选择",如图9-10所示。进入"选择相册"界面后,选择刚刚保存的图片,点击"下一步"按钮。

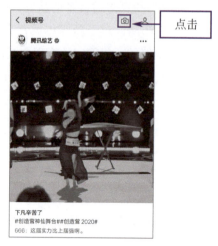
图 9-9　点击"拍摄"按钮

图 9-10　点击"从相册选择"按钮

步骤05　进入"发表"页面,将自动复制的文案粘贴到图片下方,点击"发表"按钮,操作就完成了。

除了可以在淘宝联盟的"发现"页面挑选产品,用户还可以去"好物圈"页面。挑选好产品之后,同样是点击"赚"按钮,图片就会直接保存到相册,同时文案也会被复制。操作完成之后,回到视频号进行内容的发布,如图9-11所示。

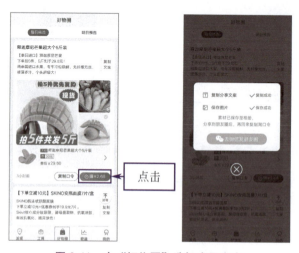
图 9-11　在"好物圈"选择产品发布

用户还可以去淘宝联盟的"个人中心"页面设置账号的基本信息。图9-12所示为淘宝联盟的"个人中心"页面截图。至于收益情况，用户可以去"收益"页面查看，提现也是在该页面，如图9-13所示。

图 9-12　"个人中心"页面截图

图 9-13　"收益"页面

运营者可以事先查看每单获得的收益。以护肤类商品为例，直接搜索护肤，查看相关产品每单可获得的收益，可选择佣金高的、销量好的产品推广。

图9-14为某运营者在视频号推广的分销产品。视频号用户长按口令复制，页面就会跳出淘口令，点击就会出现商品的信息，然后点击"查看详情"就会跳转到淘宝的购买界面。

图 9-14　复制淘口令进入淘宝页面

145

用户成功购买该商品后，运营者就会得到对应的佣金收入。一般来说，产品选得好，佣金收入非常可观。

9.1.5 转化收益

视频号运营者可以通过给用户提供服务来获取收益，服务的转化有很多模式。图9-15为视频号"珠海不求人"在视频号上发布房源信息的截图，该账号便是专门为租房客提供服务的。

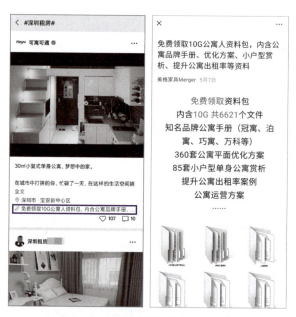

图9-15 在视频号上发布房源信息

这种视频号一般都是房屋租赁公司在运营，他们将房源发布在视频号上，然后通过公众号链接，将用户导入公众号，用户在公众号中能了解到更全面的房屋信息，有利于将房屋租出去。

其实视频号还有很多其他的服务，比如招聘、相亲、家教等，运营者可以根据自己的定位来选择向用户提供的服务类型。

9.1.6 吸引合作

项目招商类的信息也可以通过视频号来传播内容，吸引更多的用户。

图9-16为视频号"愿景空间设计"发布的空间设计的项目招商信息。短视频展示了该团队简约大气的设计，让用户比较直观地感受到该团队超强的设计能力。运营者在视频号中插入了公众号文章的链接，公众号文章展示了运营者的设计作品，用户如果想合作，可以通过公众号联系到官方。

图 9-16　项目招商类的视频号内容

9.1.7　知识变现

图书出版相对来说是比较常见的变现方法，很多与摄影或文字相关的账号在积累大量粉丝之后，就会通过图书出版的方式让自己走上变现之路。视频号"Shawn Wang"的号主王肖一便是采取这种方式获得收益的。王肖一通过抖音短视频成功塑造了一个摄影IP。图9-17为"Shawn Wang"的抖音个人主页。

因为多年从事摄影工作，王肖一结合个人实践编写了一本无人机摄影方面的图书，如图9-18所示。该书出版之后短短几天，"Shawn Wang"这个视频号售出的数量便达到了几十册，这本书之所以如此受欢迎，除了内容对读者有吸引力之外，与王肖一这个IP是密不可分的，部分用户就是冲着王肖一这个IP来买书的。

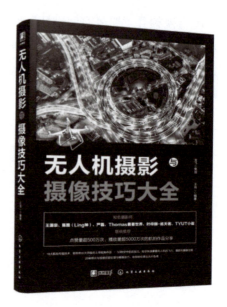

图 9-17 "Shawn Wang"的抖音主页　　图 9-18 王肖一编写的摄影书

所以视频号发展成熟之后，运营者如果有实力，同样可以通过出版图书赚取更多的收益。

当你的图书作品火爆后，还可以通过售卖版权来变现。小说等类别的图书版权可以用来拍电影、拍电视剧或者网络剧等，这种收入相当可观。当然，这种方式比较适合成熟的短视频团队，如果作品拥有了较大的影响力，便可进行版权盈利变现。

9.2 账号：流量变现

视频号是一个流量巨大的平台，对于视频号运营者来说，将吸引过来的流量进行变现，即借粉丝的力量获取收益，不失为一种不错的生财之道。

流量变现的关键在于吸引用户观看你在视频号上发布的内容，然后通过内容引导用户，从而达成自身的目的。一般来说，流量变现主要有3种方式。

9.2.1 广告代言

视频号运营者的账号积累了大量粉丝，成了一个知名度比较高的IP之后，可能就会被邀请做广告代言。此时，运营者便可以通过赚取广告费的方式，进行IP变现。这方面抖音发展得比较快，视频号运营者可以借鉴抖音运营者的经验，利用广告代言变现。

其实，视频号还处于初期，短期内没有产生大IP，不过入驻视频号的大V还是挺多的，比如美食博主李子柒和"摩登兄弟"中的刘宇宁。就拿刘宇宁来说，虽然我们现在无法看到他的视频号粉丝数量（截至2020年11月初，视频号尚未开放此功能），但是根据他抖音上拥有3000多万粉丝的情况来看，他视频号的粉丝肯定不少。

正是因为有如此多的粉丝，刘宇宁成功接到了许多广告代言，其中不乏一些知名品牌的代言。刘宇宁的广告代言收入可想而知。

9.2.2 录制节目

除了广告代言之外，还可以接到电视节目录制的邀请。比如，郭聪明唱歌非常好听，受到了广大网友的好评，虽然他还没入驻微信视频号，但是视频号上已经有"郭聪明"的话题了，如图9-19所示。

图 9-19 "郭聪明"话题

9.2.3 平台导粉

部分视频号运营者可能同时经营多个线上平台，且视频号不是其最重要的。对于这部分运营者来说，通过一定的方法将视频号粉丝引导至特定的其他平台，让视频号粉丝在目标平台集中发挥力量就显得非常关键了。一般来说，在视频号中有两种方式将用户引导至其他平台。一是通过链接引导；二是通过文字、语音等表达进行引导。

通过链接导粉比较常见的方式就是在视频号中插入公众号文章的链接，此时，视频号用户只需点击链接，便可进入公众号，如图9-20所示。将视频号用户引入公众号，运营者也可以通过它将视频号的粉丝导入到其他的平台。

图 9-20　点击链接进入公众号

视频号用户进入目标平台后，运营者可以通过发放优惠券等方式，将用户变成目标平台的粉丝，让其在该平台上持续贡献价值。

通过文字、语音等表达进行引导的常见方式就是，在发布的短视频中对相关内容进行展示，然后通过文字、语音将对具体内容感兴趣的视频号用户引导至目标平台。

9.3 其他：提高收益

除了销售变现和流量变现，视频号运营者还可以通过其他一些变现方式来提高账号的收益。

9.3.1 社群变现

运营者在视频号平台上运营一段时间后，随着知名度和影响力的提高，如果在视频号中留下联系方式，便会有人申请加好友。

我们可以好好利用这些人，从中寻找商机。比如，这些来自视频号的人都有具体的需求，有的人想学习视频号如何运营，有的人想学习如何做营销，有的人想学习某种技能。对此，我们可以根据人群的具体需求进行分类，构建社群，并通过社群的运营寻找更多商机。

9.3.2 线下变现

对于一些在线上没有店铺却有实体店的运营者来说，要通过短视频将线上的视频号用户引导至线下，到实体店打卡。

如果视频号运营者拥有自己的线下店铺，或者有跟线下企业合作，则建议大家一定要认证POI（POI运用在导航中，提供给用户路况和周边建筑的详细信息，方便用户查询目标位置情况），这样就可以获得一个专属的地址标签，只要能在腾讯地图上找到你的实体店铺，认证后即可在视频号中展示出来。

例如，视频号"安洁利鉴定师田哥"会在其视频号内容的下方添加实体店的位置，用户可以通过定位进入同城动态推荐页面，如图9-21所示。

用户进入同城动态推荐页面之后，点击"位置详情"按钮，就会弹出该店铺的详细信息，如图9-22所示。

图 9-21 点击"定位"按钮

图 9-22 点击"位置详情"按钮

特别提醒

视频号运营者可以通过POI信息界面,建立与附近粉丝直接沟通的桥梁,向他们推荐商品、优惠券或者店铺活动等,从而有效地为线下门店导流,同时能够提升转化效率。

如果用户觉得位置合适，就可以到实体店打卡了。用户还可以点击分享按钮，将该页面直接分享给朋友，如图9-23所示。

图9-23　分享给微信好友

POI的核心在于用基于地理位置的"兴趣点"来链接用户痛点与企业卖点，从而吸引目标人群。大型的线下品牌企业还可以结合视频号的POI与话题挑战赛来进行组合营销，通过提炼品牌特色，找到用户的"兴趣点"来发布相关话题，这样可以吸引大量感兴趣的用户参与，同时让线下店铺得到大量曝光，而且精准流量带来的高转化也会为企业带来高收益。

在视频号平台上，只要有人观看你的短视频，就可能会产生触达。POI拉近了企业与用户的距离，在短时间内能够将大量视频号用户引导至线下，方便品牌进行营销推广和商业变现。POI搭配话题功能和视频号天生的引流带货基因，可以让线下店铺的传播效率和用户到店率得到提升。

9.3.3　商业变现

其实，在打造产品矩阵的同时，拥有巨大流量的IP已经能够实现商业变现了。例如，2016年6月，"得到"的第一个付费专栏《李翔商业内参》上线，由总编辑李翔主理，每天更新5条，一年365天从不间断，如图9-24所示。

《李翔商业内参》的收费为199元/年，上线3个月就获得7万订阅用户。

《李翔商业内参》每期产品从开始到交付都经过了严格的流程，包括分工、选题、报/定题、音频录制以及上线发布等，拥有成熟的产品生产闭环。

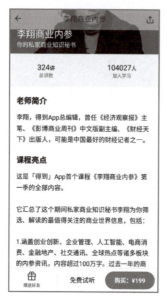

图 9-24 知识付费产品

图 9-25 《李翔知识内参》产品

2017年5月26日，《李翔商业内参》改版为《李翔知识内参》，同时由收费转为免费，主要目的就是为新产品导流，如图9-25所示。"得到"公布的数据显示，截至2019年5月，《李翔知识内参》的收听人数超过400万，收听内容超过14亿次，分享次数超过200万，收藏量达到500万次。同时，李翔上线新的付费课程《巨富之路》，标志着他再次杀回"知识付费"的赛道。

除了卖产品外，IP强大的影响力也是可以变现的。可以通过自己的影响力，将虚拟资本转化为商业价值，让无形的概念变成有形的资产。当然，当IP的影响力变大后，还需要良好的口碑来为自己背书，否则无法做到长久变现。

例如，形象代言就是一种卖IP影响力的变现方式，通过有偿帮助企业或品牌传播商业信息，参与各种公关、促销、广告等活动，促成产品的购买行为，并使品牌建立一定的美誉度或忠诚度。同时，对于IP运营者来说，也会赚到巨额的代言费。

除此之外，当个人IP担任一个企业或品牌的形象代言人后，也需要通过各种途径来维护品牌形象，快速扩展市场，以此证明自己的代言价值。

9.3.4 共赢战略

红人与品牌的合作深度,注重的是销售渠道的精准度,效果取决于红人的个人影响,当然也有小概率的"病毒式"传播效应。拿机制比较成熟的抖音平台来说,很多品牌都通过抖音红人和IP合作,打响了自己的知名度。

短视频可以创造流行、带来流量,而且能够让观众觉得有趣还能参与其中。因此,越来越多的品牌开始选择与网络红人合作来宣传品牌,这样不仅性价比更高,传播效果也更胜一筹。未来,视频号运营者可以通过打造IP,加强与品牌的合作,以实现更好的商业变现。

9.3.5 事件营销

事件营销是借助具有一定价值的新闻、事件,结合IP自身的"斜杠身份"特点进行宣传、推广,从而达到变现目的的一种营销手段。运用事件营销引爆流量的关键在于结合热点和时势。

视频号运营者可以关注一些流量比较大的平台的热门事件,如微博话题榜、抖音热点榜等。图9-26为微博话题榜,图9-27为抖音热点榜。

图9-26　微博话题榜

图9-27　抖音热点榜

事件营销具有几大特性，分别为重要性、趣味性、接近性、针对性、主动性、保密性、可引导性等。这些特性决定了事件营销可以帮助IP变得火爆，不仅能提升账号的影响力，还能提高账号变现的能力。

事件营销对于打造IP十分有利，但如果运用不当，也会产生一些不好的影响。因此，在事件营销中需要注意几个问题，如图9-28所示。

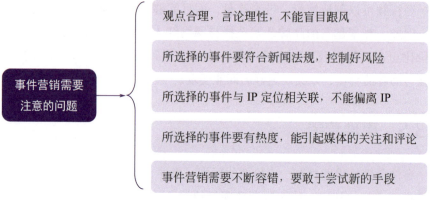

图9-28　事件营销需要注意的问题

B站篇

第10章

认识B站，平台极具发展前景

抖音、快手等短视频平台大火之后，Bilibili（哔哩哔哩，简称B站）被业内人士认为是最有可能"破圈"的一个平台，随着2020年5月4日《后浪》宣传片引发热议，越来越多的企业号和个人营销号开始重新认识并入驻B站。

10.1 掌握：发展历程

2020年青年节前夕，B站策划了一个叫《后浪》的演讲视频，国家一级演员何冰登台演讲，赞美和鼓励年轻一代。《后浪》一经推出，B站市值逆势暴涨42%，在中文互联网上可谓是一石激起千层浪，引发了网民热议，有人认为《后浪》能鼓舞人心，有人认为这只是纯粹打鸡血，还有人认为自己

"被代表"了……

不过，在新媒体业内人士看来，该短视频是B站发起"破圈"之战的前奏，那2000多万的播放量是潜在的流量，B站因此被看成是继抖音、快手之后又一个将崛起的短视频平台，如图10-1所示。

图10-1 《后浪》演讲视频

10.1.1 内容生态

B站是一个多元文化社区。

（1）游戏内容

相关数据显示，B站已经成为国内最大的单机游戏集散地，在游戏区我们能搜到大量的游戏解说UP主，如图10-2所示。

> **特别提醒**
>
> 在内容生态上，B站和腾讯视频、爱奇艺视频、优酷视频等不一样，它主要是专业用户原创内容（Professional User Generated Video，简称"PUGV"），即UP主上传的原创视频。不过，近几年B站也开始引进其他内容，购买相关影视作品版权，比如《碟中谍》《2001漫游太空》等皆可在B站观看。
>
> 何为UP主？UP主指的是"uploader（上传者）"，在B站上传视频、文字和画作等作品的用户。

图 10-2 游戏解说 UP 主

B站积极和游戏方合作,推出了一系列优秀的游戏,如《少女前线》《只只大冒险》《碧蓝航线》《崩坏3》等。图10-3为B站上的《崩坏3》游戏下载界面,以及入驻B站的《崩坏3》游戏制作方"米哈游"。

图 10-3 《崩坏 3》游戏下载界面及其制作方

值得一提的是，B站招股书中数据显示，游戏是B站最大的收入业务，其占比高达83.4%，起步稍晚的直播和广告占比较低，加起来也不过13.6%，如图10-4所示。

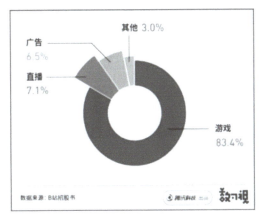

图 10-4　B 站业务营销占比

（2）音乐内容

B站聚集了大量的原创音乐人和热衷二次创作的音乐爱好者，正是因为有了他们的存在，B站才会产生如此多的优质原创音乐视频。图10-5所示为B站原创音乐栏目。

图 10-5　B 站原创音乐栏目

B站为了扶持原创音乐，还特意推出了"音乐星计划"，对优秀的原创音乐UP主进行奖励。此外，针对能力不太强、音乐知识需要提高或对音乐感兴趣的UP主，B站推出了"音乐UP主培养计划"，如图10-6所示。在该扶持计划中，B站特意请来了知名音乐人胡海泉，想要针对性地培养出一批年轻的原创音乐UP主。

图10-6 "音乐UP主培养计划"

（3）国风内容

在国家努力宣传"弘扬传统文化"的影响下，B站逐渐成了传统文化爱好者的聚集地，他们热爱传统文化的热情体现得淋漓尽致。图10-7所示为B站古风频道。

图10-7 古风频道

（4）OGV内容

B站除了有以上所说的PUGV（专业用户原创内容）内容外，还有OGV内容（Occupationally Generated Video，指的是"专业机构生产内容"）。截至2020年，B站现有的OGV资源主要有纪录片、电影、电视剧、综艺、国创和番剧，如图10-8所示。

图10-8　B站现有的OGV资源

在引入大量OGV资源后，B站推出了大会员服务，其中部分影视作品标注了"会员专享"，用户需要开通大会员才能观看，如图10-9所示。

图10-9　B站大会员

10.1.2 社区文化

B站社区文化和腾讯视频、爱奇艺视频、优酷视频都有所不同，它主要有弹幕、会员、bilibili娘、小电视等独有特色。

（1）弹幕

弹幕是B站的一大特色，指的是悬浮在视频上的实时评论区，它除了能促进用户之间的互动，还能给用户提供不一样的观影体验。

B站弹幕区可以高度自定义，如果用户觉得弹幕过于密集，可以根据个人的喜好从弹幕类型（重复、顶部、滚动、底部、彩色、高级）来屏蔽部分弹幕，如图10-10所示。

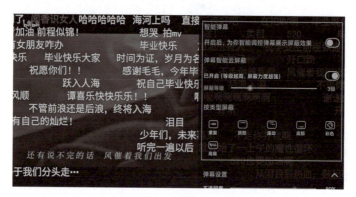

图 10-10　屏蔽部分弹幕

（2）会员

当用户在B站看视频时总共有游客、注册用户、转正用户、大会员和年度大会员5种身份。

① 游客：当用户未登录客户端浏览B站或观看站内视频时的身份是临时的，即常说的游客身份。

② 注册用户：当用户注册并使用该账号登录B站时，其身份为注册会员，如图10-11所示。

③ 转正用户：注册用户通过社区答题测试之后，即可成为转正用户，如图10-12所示。

图 10-11　注册用户

图 10-12　转正用户

④ 大会员：B站推出的付费会员产品，如图10-13所示。

⑤ 年度大会员：B站推出的付费年度会员产品，在大会员基础上享有更多福利，如图10-14所示。

图 10-13　大会员

图 10-14　年度大会员

年度大会员和普通大会员享有的权益区别主要体现在游戏礼包、会员购、B币券和粉色昵称上，如图10-15所示。B站UP主想要吸粉引流，可以先开通年度会员，这样不仅能让自己的账号更容易让人记住，还能开通更多引流变现渠道。

图 10-15　年度大会员和普通大会员的区别

（3）bilibili娘

2010年B站发起了"bilibili娘投票活动"，其中第22号和第33号得票数最高，因此B站官方卡通人物被命名为22和33，如图10-16所示。22和33这对卡通人物是最能体现B站二次元风格的，我们可以从启动界面、"我的"等地方看到这对卡通人物。

图 10-16　22 和 33

（4）小电视

小电视是22和33的宠物，它也是B站的一大特色，在视频页、进度条等很多位置我们都能看到小电视的身影，比如新注册用户的头像就是小电视，如图10-17所示。此外，小电视和22、33一样都开发了周边产品，图10-18所示为小电视水杯。

图 10-17　默认头像

图 10-18　小电视水杯

10.1.3　主要业务

B站的主要业务体现在直播、游戏、电商和漫画上。

（1）直播

B站是国内首个关注ACG（指的是Animation Comics Games，分别对应动画、漫画和游戏）直播的互动平台。B站直播内容主要以游戏和电竞为主，逐渐开始覆盖娱乐和生活等领域，如图10-19所示。

图 10-19　B 站直播

（2）游戏

B 站是国内最大的二次元游戏分发平台，自 2014 年起 B 站开始代理发行游戏，其中《阴阳师》《崩坏 3》获得了巨大成功。图 10-20 所示为 B 站游戏中心。

图 10-20　B 站游戏中心

（3）电商

2017年B站上线了自己的电商平台——"会员购"，主要销售手办、周边、漫展演出门票、漫画图书等与二次元相关的产品，如图10-21所示。

图10-21 "会员购"

（4）漫画

B站是国内领先的正版漫画发行平台，目前拥有《犬夜叉》《航海王》《天官赐福》《火影忍者》等1万多部正版漫画，如图10-27所示。

图10-22 B站漫画

10.2　了解：B 站设置

相对界面简单易上手的抖音、快手而言，B 站移动客户端的功能和操作更多，难度也更大，下面简单梳理 B 站功能，让新人迅速上手。

10.2.1　账号名字

B 站修改账号名字相对来说比较简单，在"我的"界面依次点击"设置"|"账号资料"选项，进入"账号资料"界面，如图 10-23 所示。

完成操作后在"账号资料"界面点击"昵称"选项，进入"修改昵称"界面，按要求输入新昵称，点击右上角的"保存"按钮即可，如图 10-24 所示。

图 10-23　"账号资料"界面　　　图 10-24　"修改昵称"界面

需要 UP 主留意的是，新注册账号可以在 B 站免硬币修改一次昵称，非新注册账号修改名称需要支付硬币。获取 B 站硬币很简单，不过需要注意 3 个问题。

① 每天登录 B 站可以获得硬币 1 个。

② 账号等级必须大于等于 1 级且绑定手机，才拥有登录获得硬币的资格。

③ 发布视频的 UP 主可以通过自己的视频获得用户投币，按照官方说明，UP 主收到硬币的 10% 将变成自己的硬币。

10.2.2 账号头像

B站修改头像操作有两种，分别是个人主页修改头像和资料界面修改头像。

（1）个人主页修改头像

在个人主页修改头像是B站最常见的方法，下面做简单的演示。

步骤01 进入"我的"界面，点击该界面左上角的头像，进入个人主界面，点击左上角头像，便可进入"更换头像"界面。

步骤02 点击"更换头像"按钮。会弹出"图片来源"弹窗，在"从相册选择""拍照""随机"三者间选择一种方式，上传图片即可完成修改头像操作。

（2）资料界面修改头像

在个人主页修改头像相对烦琐一些，可以作为备用方案。

步骤01 在"我的界面"依次点击"设置"|"账号资料"选项，进入"账号资料"界面，随后在该界面点击右上角的头像，如图10-25所示。

步骤02 等半秒后"账号资料"界面弹出"头像选择"弹窗，笔者以选择"图片库"为例，如图10-26所示。

图 10-25 "账号资料"界面

图 10-26 "头像选择"弹窗

步骤03 执行操作后，跳转至"所有相片"界面，UP主可在该界面选取自己想要修改的头像。选好后，手机会跳转至"裁剪"界面，在此界面为头像选择合适的尺寸，点击右上角的☑进行保存。

10.2.3 个性签名

B站账号个性签名显示在官方认证信息下面，如图10-27所示。

图10-27　B站账号个性签名

B站账号个性签名相对简单，在"我的"界面依次点击"设置"|"账号资料"|"个性签名"选项，跳转至"修改个性签名"界面，输入自己想要填写的个性签名即可。

不过，UP主需要注意的是，个性签名输入框最大只能输入70个字符。建议签名要体现个人或企业的特点，不能太啰唆。

10.3　B站内容，文字视频两不耽误

B站和抖音、快手不同之处在于，抖音、快手只能发几分钟的短视频，B

站除了可以发短视频，还能发长视频，甚至还能开通专栏发文章。

10.3.1 开通专栏

开通专栏之前，UP主先需要准备自己写的文章或文章链接。

步骤01 进入B站移动客户端，❶点击底栏"频道"按钮，跳转至"频道"栏目；❷点击"分区"按钮，如图10-28所示。

步骤02 跳转至"分区"栏目，点击该栏目中的"专栏"图标，如图10-29所示。

图 10-28 "频道"

图 10-29 "专栏"

步骤03 跳转至"专栏"界面，点击该界面右上角的图标，如图10-30所示。

步骤04 执行操作后跳转至"专栏开通申请"界面，分别输入原创文章或文章链接、创作的内容类型，点击下方的"提交申请"按钮即可，如图10-31所示。

开通专栏后，UP主需要认真阅读并严格遵守《专栏行为准则》，可在平台搜索相关信息。

图 10-30 "专栏"界面　　　　图 10-31 "专栏开通申请"界面

10.3.2 专栏发文

UP 主开通了专栏权限，即可点击"专栏"界面右上角的图标，进入文章编辑界面进行编辑和投稿，如图 10-32 所示。

图 10-32 专栏编辑和投稿

在编辑专栏时需要 UP 主搜寻资料写稿，当然写的稿子最好是图文并茂的，这样才有可能上热门和推荐，如图 10-33 所示。

图 10-33　专栏效果图

10.3.3　上传视频

在B站上传视频的步骤比发布专栏文章的步骤稍微复杂一点。

步骤01 进入"我的"界面，❶点击"发布"按钮，操作完成后，弹出一个选择弹窗，❷点击弹窗中的"上传"按钮，如图10-34所示。

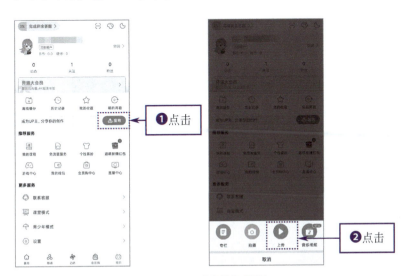

图 10-34　"我的"界面

➲ 步骤02 执行操作后跳转至"视频"界面，UP主在该界面可以选择自己想要编辑的一个或多个视频素材，点击视频缩略图查看视频效果，确认无误后点击右上角的 ⊕ ，如图10-35所示。

图10-35 "视频"界面

➲ 步骤03 选择好视频素材后，点击右上角的"下一步"按钮，跳转至视频编辑页面，如图10-36所示。

➲ 步骤04 在视频编辑页面下方可以进行剪辑、加滤镜等操作，UP主编辑好视频之后，点击"右上角"下一步按钮，如图10-37所示。

图10-36 跳转至视频编辑页面　　　　图10-37 编辑视频

> **步骤05** 执行操作后跳转至视频发布页面，UP主在该界面填写视频相关信息，点击右上角的"发布"按钮进行发布。

10.3.4 注意事项

面对潜力巨大的B站，本节将介绍普通用户做好视频文章发布和运营的一些注意事项。

（1）遵守平台规则

对于运营B站的UP主来说，做原创才是最长久最靠谱的一件事情。在互联网上，想借助平台成功实现变现，一定要做到两点：遵守平台规则和迎合用户的喜好。下面重点介绍B站的一些平台规则。

① 不建议做低级搬运。B站平台对带有其他平台特点和图案的作品不会给予推荐，因此不建议大家做。

② 视频必须清晰无广告。

③ 账号权重。那些普通玩家上热门有一个共同的特点，那就是给别人点赞的作品很多，最少的都上百了。这是一种模仿正常用户的玩法，如果上来就直接发视频，系统可能会判断你的账号是一个营销广告号或者小号，会审核屏蔽等。

提高权重的方法：多去给热门作品点赞、评论和转发，选择粉丝越多的账号效果越好。如果想运营好一个B站账号，就在空闲的时候去刷一下别人的视频，然后多关注和点赞，让系统觉得你是一个正常的账号。

（2）选择合适的发布时间

建议大家发布B站视频的频率是一周至少2～3条，然后进行精细化运营，保持活跃度，让每一条视频都尽可能上热门。为了让你的作品被更多的人看到，一定要选择在线人数多的时候进行发布。

相关数据统计，看视频最多的场景是在饭前和睡前。尤其是睡前和周末、节假日这些段时间，B站的用户活跃度相对高一些。大家发布时间最好控制在以下3个时间段，如图10-38所示。

同样的作品在不同的时间段发布，效果肯定是不一样的，因为流量高峰期人多，那么你的作品就有可能被更多人看到。如果运营者一次性录制了好几个视频，千万不要同时发布，每个视频至少要间隔一段时间。

图 10-38　B 站视频发布时间的建议

另外，还需要结合自己的目标客户群体的时间，因为职业的不同、工作性质的不同、行业细分的不同以及内容属性的不同，发布的时间节点也都有所差别，因此要结合内容属性和目标人群，去选择一个最佳的时间点发布。再次提醒，最核心的一点是在人多的时候发布，得到的曝光和推荐会大很多。

（3）组建一个团队

一个人要想做好 B 站视频也是可以的，B 站很多 UP 主都是自己一个人在那儿自拍，或者拍一些自己唱歌跳舞的视频，就能积累上百万的粉丝。甚至有一些 UP 主，一个人在家里面或者在办公室，又或者就在沙发上坐着，然后拍摄一些短视频，就能够爆火。不过，这种情况毕竟是少数，任何一个平台从一开始到中期再到后期，入驻的 UP 主都是越来越优秀的。

因此，在当下做 B 站视频发布和运营，发挥团队的协作能力是最好的，可以建立一个 6～7 个人的专业团队，每周生产 2～3 条视频。在这样一种高质量、高背景、高强度以及高专业的情况下，生产出来的内容会更加受欢迎。

现在大家都用碎片化的时间来阅读，如果是几个小时的视频，很多人不一定愿意看完，但如果说是十几分钟的视频，那就有很多人愿意看完。但是，如果你的视频但没有呈现出你要表达的效果，那么用户可能刚点进去就退出了，这样对于团队创作的信心还是有所打击的。

这里主要是强调有团队的自媒体运营者或相关企业，可以开始布局 B 站短视频运营。因为在团队的协作下，只要舍得投入金钱和精力，不管是涨粉，还是整个运营策略，都能够更快速地得到发展，并且把这个事情做好。

当然，在创建视频创作团队时，高效率是大家共同追求的目标，我们可以使用 5P 要素来帮助自己打造一个拥有高效率特征的视频团队，如图 10-39 所示。

团队的主要成员包括导演、编剧、演员、摄影师、剪辑师等。其中，演员是最重要的角色，尤其是真人出镜的短视频内容，演员一定要有很好的表演能力或者高颜值，这些是吸引用户持续关注的必要条件。

视频团队的主要工作包括选择主题、策划剧本、拍摄剪辑、制作特效和发布维护等。总之，只要你的产品有一定的传播性，你能够有更好的创意，有团队能够把它拍摄出来，都有机会火爆。

很多短视频都是在发布了一周甚至一个月以后，才开始火爆起来，也就是说B站上人人平等，唯一不平等的就是内容的质量。你的B站账号是否能够快速冲上一百万粉丝，是否能够快速吸引目标用户的眼球，最核心的还是内容。

图 10-39　打造高效率团队的 5P 要素

笔者一直强调一个核心词，叫"时间性"。很多人在运营时有个不好的习惯，那就是当他发现某个视频的整体数据很差时，就会删除视频。建议大家千万不要去删除你之前发布的视频，尤其是你的账号还处在稳定成长的时候，删除作品对账号有很大的影响，如图10-40所示。

这就是"时间性"的表现，那些默默无闻的作品，可能过一段时间又能得到一定流量的扶持或曝光，因此我们不能删除视频，否则账号的数据会有很大波动。

快手和抖音都有隐藏短视频的功能，运营者可以将某些质量差或不想公开的视频隐藏起来，但是B站没有，因此UP主在发布视频时要慎重一些。

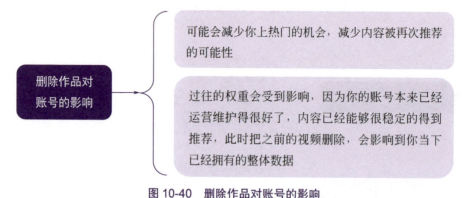

图 10-40　删除作品对账号的影响

第11章

引流增粉，打造好私域流量池

对于B站UP主来说，要想获取可观的收益，关键在于获得足够的流量。那么如何实现快速引流呢？

这一章将从引流平台内引流和平台外引流两个角度来分析，帮助大家快速聚集大量用户，实现品牌和产品的高效传播。

11.1 B站：内部引流

B站内部引流方式主要分为直播引流、专栏引流、视频引流、视频弹幕引流、评论引流、参与活动引流、热门推荐引流、UP主认证引流、福利引流等。

11.1.1 直播引流

UP主在引流之前需要做的准备工作是开通B站直播。

🔹 步骤01 在B站客户端首页点击右下角的"我要直播"按钮，如图11-1所示。

🔹 步骤02 执行操作后跳转至直播申请界面，紧接着弹出一个"实名认证"弹窗，点击"去认证"按钮，如图11-2所示。

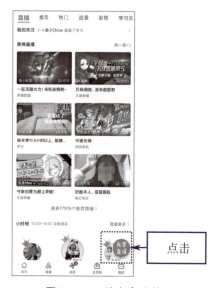

图11-1 B站客户端首页

图11-2 "实名认证"弹窗

🔹 步骤03 跳转至"实名认证"界面，点击该界面中间的"支付宝快捷认证"按钮，如图11-3所示。跳转至填写资料的"实名认证"界面，按照要求填写自己的真实姓名、手机验证码、身份证信息等资料，点击"开始认证"按钮，耐心等待审核。

🔹 步骤04 如果审核一直都处于未通过状态，那么可以返回第二个步骤中的"实名认证"界面。点击该界面的"提交人工认证申请"的红色按钮，如图11-4所示。跳转至"申请认证"界面，按照要求提交资料，B站官方会有相关人员进行人工审核。

图 11-3　点击"支付宝快捷认证"按钮　　图 11-4　点击"提交人工认证申请"按钮

（1）直播标题引流

UP主通过直播标题引流的方法有以下两种。

① 直播标题制造悬念感，吸引用户点击观看。如标题"全B站最温柔的主播"，乍一看就有种想点进去的冲动。某游戏直播的标题为"明日方舟萌新（禁止剧透）"，让人认为主播对于《明日方舟》有不可告密的新玩法，吸引B站用户点进去。

② 直播标题营造幽默感，让B站用户眼前一亮。比如，"烫脚直播间，来了就想走""别追我啦，我没有98k（《绝地求生》游戏中的狙击枪型号）"，都透着一股幽默感。

（2）直播封面引流

人是视觉动物，一个好的直播封面远比一个直播标题要吸引人，下面介绍3类受B站用户欢迎的直播封面。

① 将直播标题或直播内容写在直播封面，让B站用户一眼就能了解你，如图11-5所示。

② B站虽然已经开始拓展业务，但从客户端界面风格和热门内容可以看出，B站还是有浓重的二次元风格的。因此，UP主在直播时，可以选择二次元人物作为直播封面，如图11-6所示。

图 11-5 直播封面有文字示例

图 11-6 二次元人物作为直播封面示例

③ 如果UP主本身是女主播,可以选择自己漂亮端庄或卖萌的照片作为直播封面。

(3)主播公告引流

UP主还可以利用直播界面下的主播公告进行引流。如图11-7所示,这两位主播都在主播公告里贴出QQ群号进行引流。

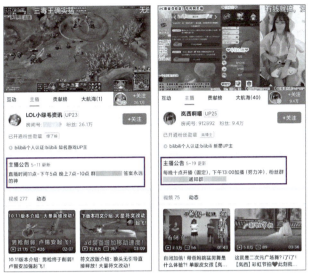

图 11-7 主播公告引流

（4）弹幕口令引流

如图11-8所示，UP主可以用弹幕口令吸引用户。B站用户点击"一键参与并关注"按钮，即可领取一毛钱，同时还会关注该主播，并自动发送"下午好"的弹幕。

图 11-8 弹幕口令引流

11.1.2 专栏引流

当UP主在B站专栏区投稿时，可以使用以下两种方式进行引流。

（1）文末图文引流

UP主可以在专栏文章末尾放上自己的联系方式或其他平台账号进行引流，如图11-9所示。

（2）评论区引流

UP主在专栏发完文章后，可适当挑选一些评论进行回复，以此来吸引更多的用户，如图11-10所示。

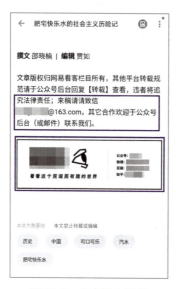

图 11-9　文末图文引流

图 11-10　评论区引流

11.1.3 视频引流

视频引流有3种手段，分别是视频标题引流、视频封面引流和视频简介引流。

（1）视频标题引流

2020年3月在B站大火的罗翔教授，其视频标题风格是"语不惊人死不休"，如图11-11所示。

图 11-11　罗翔教授的短视频

从图中可以看到,"养的狗咬了人,主人要坐牢吗?""买了假烟送领导,卖烟的人倒贴了60元?""你采伐了不知道是珍稀植物的植物,犯法吗?",他的视频不看内容,光看标题就很吸引人。

(2)视频封面引流

B站短视频热门推荐里很多视频封面都是二次元人物或者是动漫场景。此外,B站很多视频的封面都是图文形式的,这样更能凸显重点,吸引用户的眼球,如图11-12所示。

图 11-12　图文形式的封面

187

（3）视频简介引流

B站短视频下方的视频简介不仅有简短介绍视频内容的作用，UP主还可以适当添加一些引流信息，如图11-13所示。

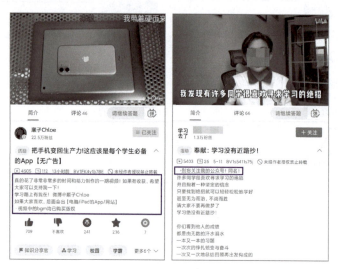

图 11-13　视频简介引流

11.1.4　视频弹幕引流

UP主想要在弹幕里引流是比较简单的，只要发送和引流相关的信息就行。不过需要注意的是，引流的弹幕要有针对性，比如卖化妆品的UP主选择在化妆视频里发引流弹幕。

注意，新账号是无法发弹幕的。UP主要想开通弹幕功能，就必须答题转正。操作很简单，在 旁边有"答题转正"或"继续答题"按钮，UP主点击该按钮即可跳转至答题界面，如图11-14所示。

特别提醒

B站为什么发弹幕需要答题转正？原因其实很简单。

① 让新人用户相对全面地了解B站信息。

② 一来可以筛除素质低下的用户，提高弹幕质量。二来可以让新人用户了解B站的弹幕礼仪。

图 11-14　答题转正

③ 维持B站用户增长和内容质量两者平衡的一个机制。

④ B站用户转正不易，用户会更加珍惜自己的账号，而对于B站官方来说，答题可以提高用户的黏性。

⑤ 可以帮助官方更好地区分云玩家和圈内人，在一定程度上优化B站数据和算法。

11.1.5　评论引流

评论引流分为视频评论引流和专栏评论引流，操作比较简单。

（1）视频评论引流

通过视频评论进行引流是UP主相对常用的引流方式。

步骤01　在B站客户端首页点击顶栏的"热门"栏目，如图11-15所示。UP主在该栏目点击可能有受众的热门视频。

步骤02　跳转至该热门视频，点击视频下方的"评论"按钮，如图11-16所示。

步骤03　执行操作后跳转至视频评论区，在下方输入框输入相关引流评论即可。不建议直接输入引流信息，可以输入一些能抢热评的评论。

图 11-15　B 站客户端首页　　　　图 11-16　视频页面

（2）专栏评论引流

同理，UP 主可以在 B 站专栏区选择一些热门文章进行评论，通过上热门评论进行引流吸粉。

11.1.6　参与活动引流

B 站官方会推出一些线上活动，UP 主可以积极参与，如果在活动中表现突出，可以上活动封面为自己引流，如图 11-17 所示。

图 11-17　上活动封面的 UP 主

UP主也可以在活动的评论区为自己的作品拉票，这样相当于给自己引流吸粉，如图11-18所示。

图11-18　为自己作品拉票

11.1.7　热门推荐引流

上B站首页热门或推荐的视频都是上万的播放量，有一些甚至是上百万的播放量。要想视频在B站受欢迎，就必须了解B站的原则和机制。

（1）内容原则

UP主在创作内容时，需要了解B站的内容原则。

① 原创：在这个内容同质化越来越严重的时代，每个短视频平台都希望自己的用户能带来令人耳目一新的内容。

② 优质：原创视频不一定都是优质视频，比如视频虽然是原创的，但是剪辑混乱，这样是无法上热门的。又比如，加字幕的原创视频比不加字幕的原创视频容易上热门。

③ 不违规：这个是B站的基本要求，在视频中千万不能出现反动、暴力、色情信息，内容最好是积极向上的，表达的思想最好是伟大、光荣、正确的。

④ 真诚对待用户：UP主在做短视频时不能做封面党和标题党，也就是说封面和标题都要与内容有相关性。

（2）审核机制

为了让自己制作的内容能快速通过审核，UP主还需要了解B站的审核机制。

① 优先审核：与抖音、快手一样，B站的审核也会参考UP主的权重，比如有加V的UP主比没加V的审核时间更短。

② 惩罚措施：如果权重高的UP主短视频出现一些违规内容，B站官方会删除该内容，对账号的影响较小；但是对于新人UP主而言，如果发布一次违规内容，那么该账号就会受到一定的惩罚，违规次数过多就会直接被封号。

③ 阶梯审核：B站的阶梯审核分为两种。第一种是机器审核，如果内容合格，会直接推送给B站用户；如果机器审核时发现内容存在问题，就会人工介入审核。第二种就是，如果前期机器审核未发现内容违规，后期推送给B站用户却被举报违规，则该内容不会再被推送。

（3）推荐机制

为了让自己制作的内容能上热门推荐，UP主还需要了解B站的推荐机制。

① 阶梯推荐：UP主的视频通过审核之后会被推送进一个小流量池，如果该流量池的B站用户对该视频收藏、点赞、投币、评论数量高，那么该视频就会投入下一个大流量池中，反之就会被停止推荐。

② 热门推荐：B站热门推荐有两种方式。第一种是该视频获得的流量大，被算法推荐到首页热门；第二种是某些视频虽然流量未达到上热门的要求，但内容优质，会被人工推荐上首页热门。

（4）内容评估

B站对UP主的短视频一般都是从以下5个角度进行评估。

① 点赞量：反映的是短视频受欢迎的程度，对UP主而言，点赞量越高意味着被推荐的次数越多。

② 播放量：代表的是点进去观看的次数，对UP主而言，播放量越高意味着被推荐的次数越多。

③ 分享量：只有用户认为对自己有价值的视频，他们才会选择分享。在内容评估中，视频分享量是和推荐量成正比关系的。

④ 评论量：反映的是UP主和用户互动的频率，评论量越大的UP主，其

粉丝黏性往往也越高。

⑤ 举报量：如果视频内容存在违规遭用户举报，该视频推荐量会减少，如果违规程度高，可能会被直接删除。

11.1.8　UP主认证引流

前文提过，UP主通过自己主页的个人简介引流是基本操作，大部分UP主都会在个人简介里写联系信息和粉丝群。如果是认证通过（也就是加V）的账号，其权重比未认证的账号要高，获得推荐的可能性也越大。

对于B站用户而言，账号认证步骤很简单，只要UP主账号符合条件，审核时间就很短。打开B站客户端，依次点击"我的"|"设置"|"账号资料"，进入"账号资料"界面，点击下方的"哔哩哔哩认证"按钮，如图11-19所示。执行操作后，进入"哔哩哔哩认证"界面，即可完成认证程序，如图11-20所示。

图 11-19　"账号资料"界面

图 11-20　"哔哩哔哩认证"界面

如果UP主想要申请企业认证，那么程序相对复杂一些，需要身份证、信用代码、事业单位证明、营业执照、运营授权确认函、奖杯、聘用书等。

如UP主想要申请知名UP主认证，那么需要符合多项条件，如图11-21所示。如果UP主想申请优质专栏UP主认证，则需要符合的条件更严苛，图11-22所示。

图 11-21　知名 UP 主认证条件

图 11-22　优质专栏 UP 主认证条件

当 UP 主的个人认证通过审核时，认证信息会显示在个人主页下方，图标为黄色"⚡"，如图 11-23 所示。如果是企业认证则图标为蓝色"⚡"，如图 11-24 所示。

图 11-23　个人认证

图 11-24　企业认证

如果 UP 主获得了官方荣誉，比如"2019 年度百大 UP 主"，那么该荣誉会显示在认证信息里，如图 11-25 所示。

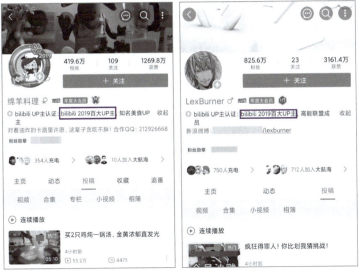

图 11-25 官方荣誉

11.1.9 福利引流

在B站上我们常常能看到UP主做一些抽奖活动，给粉丝送出周边或电子产品，如图11-26所示。这种做法可以提高UP主在粉丝心目中的形象，增强粉丝的黏性。同样，能吸引更多的粉丝关注，从而达到吸粉引流的目的。

图 11-26 UP主的抽奖活动

11.2 其他：外部平台引流

UP主除了可以通过B站内部引流，还可以通过外部平台引流，如酷安、微博、朋友圈、QQ、公众号等。

11.2.1 酷安引流

酷安对于非数码圈的人来说不太熟悉，但是对于B站数码圈的UP主应该是再熟悉不过了。如果UP主在B站主攻数码或评测这一块，可以尝试在酷安引流，吸粉该社区更多粉丝购买自己的数码产品和周边等。

酷安官方已经入驻B站，它发布的视频主要是数码评测视频，经常对近期热门的高端旗舰手机进行评测，从而吸引更多用户前往酷安社区，如图11-27所示。

图 11-27　酷安官方

在酷安数码社区经常能看到B站UP主在为自己的视频引流，如图11-28所示。

图 11-28　酷安数码社区引流

11.2.2　微博引流

微博是国内最大的实时信息分享平台，B站很多UP主在微博上进行引流。图11-29为毛不易与哔哩哔哩合作，在微博为自己的B站账号引流。图11-30为某UP主在微博为自己的新视频预热与引流。

图 11-29　毛不易的微博

图 11-30　某 UP 主的视频预热与引流

11.2.3 朋友圈引流

有一些UP主会添加粉丝微信号，再通过微信朋友圈进行引流变现操作，如图11-31所示。还有一些UP主会对这些已经添加好友的粉丝进行二次引流，如吸引他们成为公众号粉丝等。

图 11-31 微信朋友圈引流

11.2.4 QQ引流

QQ兴趣部落依然活跃着一批年轻人，可以看到很多B站UP主在QQ兴趣部落引流，如图11-32所示。

图 11-32 QQ兴趣部落引流

11.2.5 公众号引流

B站UP主可以建立同名公众号,打造成矩阵账号,利用公众号给B站账号引流。图11-33所示为御史房的矩阵账号。

图 11-33　御史房的矩阵账号

11.2.6 其他引流

B站UP主"老邪说电影"不仅拥有B站账号,还有Youtube账号。Youtube是一个国际性视频网站,"老邪说电影""小片片说大片"等B站知名UP主都开通了Youtube账号,走向了国际性平台,以吸引华人群众和国外用户。

第 12 章

B 站获利，变现方式多种多样

B站获利方式相对来说比较多，除了内部的个性装扮变现、"会员购"变现、广告变现、充电计划变现、创作激励变现、悬赏计划变现、推广橱窗变现、直播变现、课程变现外，UP主还可以积极探索站外变现方式，如微信公众号变现、淘宝变现和官网变现等。

12.1 基础：内部变现

B站从当年一个二次元内容分享网站逐渐成为综合性视频网站，其内部变现账号也逐渐变得多种多样。

12.1.1 个性装扮变现

B站企业账号是可以上架个性装扮的，企业账号出售个性装扮获得的B币可以按1∶1的比例兑换成人民币。充值B币和下载个性装扮的流程很简单，下面进行简单讲解。

步骤01 打开B站客户端，依次点击"我的"|"我的钱包"，进入"我的钱包"界面，点击"B币"图标，如图12-1所示。

步骤02 跳转至"B币钱包"界面，如果余额不足，可点击下方的"立即充值"按钮进行充值，如图12-2所示。

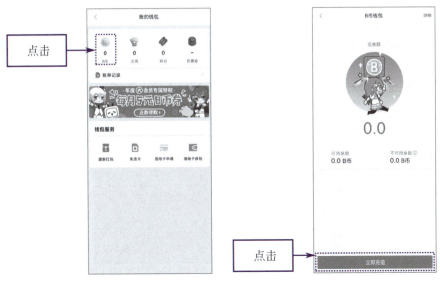

图 12-1 "我的钱包"界面　　　　图 12-2 "B币钱包"界面

步骤03 当用户确认自己钱包的B站余额充足后，返回"我的"界面，点击"个性装扮"图标，如图12-3所示。

步骤04 执行操作后，跳转至"个性装扮"界面，可以看到很多二次元装扮产品，其中很多都是与B站合作的动漫公司和游戏公司制作的。用户选好产品，点击该个性产品的预览图，如图12-4所示。

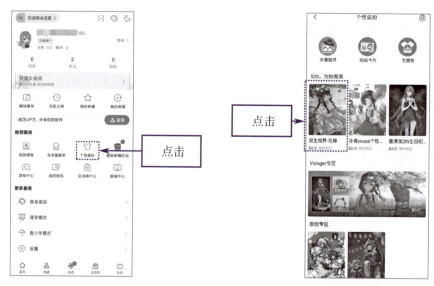

图12-3 "我的"界面　　　　图12-4 "个性装扮"界面

> **步骤05** 跳转至该个性装扮产品详情页，点击下方的"立即支持"按钮，弹出"购买套装"弹窗，选择好套装的类型和数量后，点击"确认购买"按钮，即可完成充值B币和下载个性装扮的流程，如图12-5所示。

图12-5 个性装扮产品详情页

12.1.2 "会员购"变现

"会员购"是B站自己的一个电商变现平台,在"会员购"频道,B站用户可以购买到许多二次元手办、周边、漫展演出票等。比如,正版动漫IP设计经销商"艾漫"入驻B站后,推出了一系列商品和许多漫展演出电子票,如图12-6所示。

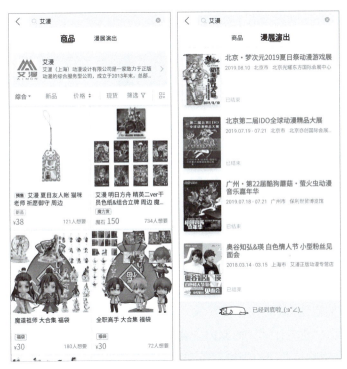

图12-6 "艾漫"会员购主页

12.1.3 广告变现

如果UP主粉丝多、流量大,那么就会有广告商找上门,比如B站UP主"电影最TOP"就通过接广告来进行变现,如图12-7所示。

图 12-7　通过广告变现

12.1.4　充电计划变现

UP主可在"稿件管理"界面申请加入"充电计划",审核通过后即可接受B站用户的电池打赏。

B站推出"充电计划"的原因主要有4个。

① 不会影响普通用户视频观看和弹幕发送的体验;

② 电池打赏全凭用户自愿,没有任何强制性;

③ 旨在鼓励UP主创作原创内容;

④ 保持UP主独立性,解决UP主经济来源。

B站用户进入UP主个人界面,即可看到本月有多少用户给他"充电"。比如,我们打开UP主"我是郭杰瑞"的个人界面,可以看到本月有207人给他"充电",如图12-8所示。当用户点击该界面"充电"按钮,就会弹出"请选择充电电量"弹窗,用户可在此弹窗内自定义"充电电池",如图12-9所示。人民币1元即可兑换10个B站电池。

图 12-8 个人主界面

图 12-9 给 UP 主充电

12.1.5 激励计划变现

B 站在 2018 年初推出了"创作激励计划",让 UP 主通过原创的视频获得相关收入。截至 2020 年 5 月,"创作激励计划"适用的范围是 B 站的视频、专栏稿件和 BGM 素材,该计划的详情和 UP 主加入计划的具体条件,如图 12-10 所示,符合这些条件的 UP 主可申请加入"创作激励计划"。

图 12-10 "创作激励计划"

12.1.6 悬赏计划变现

UP主的稿件如果参与B站官方的"悬赏计划",则该作品下方会推广某些商品,当用户通过点击UP主的推广购买商品时,UP主可获得一定的分成,如图12-11所示。

图 12-11　UP 主视频下方的推广

12.1.7　推广橱窗变现

UP主可以申请自己的推广橱窗,通过卖货来变现,如图12-12所示。

12.1.8　直播变现

在B站直播相对来说是最容易变现的,当B站用户或主播粉丝给主播送礼物后,这些礼物可以换算成B站虚拟币"金瓜子",主播获得的金瓜子可以按照1000∶1的比例折现。图12-13所示为某主播的金瓜子榜和礼物榜。

图 12-12 推广橱窗

图 12-13 某主播的金瓜子榜和礼物榜

B站用户进入主播"互动"界面,点击右下角的 按钮,弹出"礼物"弹窗,用户可在此弹窗内选择礼物,点击右下角的"发送"按钮,即可给主播送礼物,如图12-14所示。

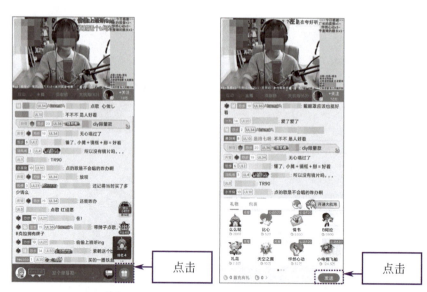

图 12-14　用户送礼物操作

12.1.9　课程变现

UP主可以将自己的课程设置成付费，B站用户通过付费来购买课程，获得一些新知识，而UP主可以凭借该课程获得收益，如图12-15所示。

图 12-15　课程变现

12.2 其他：外部变现

UP主变现除了内部变现外，还可以通过微信公众号、淘宝、官网等渠道进行变现。

12.2.1 微信公众号变现

说起B站UP主通过微信公众号变现，最成功的莫过于"小片片说大片"这个影视博主，他毕业后通过业余时间剪辑影视片段，整理和吐槽佳片和烂剧，在B站和微信公众号获得上百万的粉丝，如图12-16所示。之后，"小片片说大片"博主辞职，自己成立公司，成了一名专职的影视博主。

图12-16 "小片片说大片"B站账号和微信公众号

"小片片说大片"通过在多个平台的积累和沉淀,已经建立了一个强大的视频创作团队,有负责剪辑的、有负责文案的、有负责运营的……可以这么说,"小片片说大片"创立公司、建立团队、投资小型网剧,都是他变现的一种手段。

"小片片说大片"最成功的是公众号的运营,他在公众号内接入了小鹅通知识付费平台,并在这个平台里建立一个完整的会员付费体系,如图12-17所示。他的付费会员99元一年,这种变现能力可以说是非常强大了。如果是逢年过节,"小片片说大片"还会推出优惠活动,吸引更多粉丝购买年费会员或专栏套餐。

图12-17 "小片片说大片"会员付费

当然,99元对于部分人来说可能太贵,或者说某些会员只喜欢某些专栏,"小片片说大片"推出了一部分付费专栏,解决这部分粉丝的痛点,如图12-18所示。

图 12-18　付费专栏

除了在微信公众号内接入知识付费平台进行变现，还有一些B站UP主通过产品变现，最典型的是B站UP主"御史房"，在微信公众号内销售文创产品来变现，如图12-19所示。

图 12-19　通过产品变现

此外，B站UP主"电影最TOP"除了通过接入小鹅通知识付费平台推出一些付费视频外，另外一种方式就和"御史房"一样，通过开发周边产品来进行变现，如图12-20所示。

图12-20 "电影最TOP"公众号

12.2.2 淘宝变现

淘宝变现方式有两种，一种是在B站视频评论区贴出淘宝产品链接进行变现，另一种方式就是在专栏文章里贴出淘宝链接进行变现。

（1）B站视频评论区

在B站有许多穿搭UP主，他们通常会在评论区提出视频之中所提到的穿搭产品，供广大粉丝群体进行购买，如图12-21所示。

图 12-21　评论区贴淘宝链接

（2）B站专栏

还有一些穿搭博主在专栏文章里讲穿搭风格时，将部分衣服裤子的淘宝链接贴出，如图12-22所示。

图 12-22　专栏文章里贴淘宝链接

12.2.3 官网变现

在B站，相对来说比较冷门的变现方法就是通过官网来变现。图12-23所示为《影之刃3》游戏B站账号在专栏文章里直接贴出官网链接，引导玩家通过官网预约该游戏，而游戏制作方则是通过游戏中的广告和收费服务来达到变现目的的。

图 12-23 《影之刃3》的专栏文章及官网截图